Skaarup · Es schmeckt auch ohne Fleisch

Kirsten Skaarup

Es schmeckt auch ohne Fleisch

Kochen nicht nur für Vegetarier

Zweite Auflage

BLV Verlagsgesellschaft
München Wien Zürich

CIP-Kurztitelaufnahme der Deutschen Bibliothek

Skaarup, Kirsten:
Es schmeckt auch ohne Fleisch:
Kochen nicht nur für Vegetarier /
Kirsten Skaarup. [Übers.: Claus-Wessel Brügmann]. –
2. Aufl. – München; Wien; Zürich:
BLV Verlagsgesellschaft, 1986.
Einheitssacht: Vegetariske festmiddage <dt.>
ISBN 3-405-12688-6

Titel der dänischen Originalausgabe:
Vegetariske festmiddage

Übersetzung: Claus-Wessel Brügmann

Zeichnungen: Waltraud Berger
Fotos: C. P. Fischer, Baldham (S. 17, 51, 85 und Titelfoto)
ZEFA, Düsseldorf (S. 119)

Gesamtherstellung: Ludwig Auer, Donauwörth

Printed in Germany · ISBN 3-405-12688-6

Inhalt

Vorwort 6

Warum auf Fleisch verzichten? 7
Wie wird der Eiweißbedarf (Proteinbedarf) gedeckt? 7
Verschiedene Formen des Vegetarismus 8

Die Zutaten und ihre Behandlung 8
Der Punkt auf dem i 8

Über die Rezepte 9

Zum Gebrauch des Buches 10

Menüs 11

Grillen ohne Fleisch 125

Brot 129

Register 133

Vorwort

Speisen ohne Fleisch sind nicht nur hübsch anzusehen, sondern auch von großer Bedeutung für die Gesundheit. Seit einigen Jahren beschließen immer mehr Menschen, weniger Fleisch zu essen. Oft beginnt man mit einem einzelnen »fleischlosen« Tag pro Woche. Mit Freude erlebt man das gesteigerte Wohlbefinden, das einem solchen Tag folgt, und so ist man bald bereit, ganz auf eine Kost ohne Fleisch überzugehen. Problematisch wird es jedoch zuweilen, wenn es um die Abwechslung auf dem Speiseplan geht. Es gibt gewiß viele gute Kochbücher für Vegetarier, aber der Anfänger wird oft Schwierigkeiten haben, weil diese Kochbücher entweder zu asketisch oder zu schwer verständlich sind und weil man in der fleischlosen Küche eine Reihe von Zutaten benutzt, die nicht allgemein bekannt sind. Unsere Küche hat wenig überlieferte Rezepte für leckere, als Hauptgericht geeignete Mahlzeiten ohne Fleisch, und darum ist es durchaus begreiflich, daß Menschen mit traditionellen Eßgewohnheiten es schwer haben, das Fleisch zu ersetzen. Man kann sich einfach ein Mittagessen ohne Fleisch oder Fisch kaum vorstellen – insbesondere, wenn es im festlichen Rahmen gegeben wird! Aber gerade das ist die Kunst in der Küche ohne Fleisch: Niemand verschwendet überhaupt einen Gedanken daran, daß kein Fleisch auf dem Tisch steht, und es ist weder langweilig, noch schwierig oder teuer, fleischlose Gerichte zu servieren – man muß nur beginnen, in anderen Bahnen zu denken.

Dieses Buch ist so ausgearbeitet, daß der Leser zwischen 52 fleischlosen Gerichten gehobener Qualität wählen kann. Die Gerichte sind nicht als Alltagsessen der fleischlosen Küche gedacht, in der man weniger Fette und Rohzucker, weniger Milcherzeugnisse und Eier verwendet. Aber einmal wöchentlich kann man sich eine Festmahlzeit ohne Fleisch gönnen, und die Gerichte können natürlich auch auf andere Art komponiert werden als auf die hier vorgeschlagene. Ebenso können die einfacheren unter diesen Rezepten der Sammlung für Alltagsessen zugefügt werden.

Viele Rezepte stammen von Reisen durch Süd- und Osteuropa. In einem Teil von ihnen war die Grundlage ursprünglich Fleisch, das nun durch geeignetes Gemüse oder Eier ersetzt worden ist.

Mit diesem Buch möchte ich zeigen, daß die fleischlose Küche nicht nur für Rohköstler oder Menschen mit einer bestimmten Lebenseinstellung da ist. Ich habe die Hoffnung, daß dieses Buch sowohl von allen benutzt wird, die gesünder essen, gesünder leben möchten, wie auch eine Anregung für jene ist, die bereits fleischlos essen oder zu ihrem Familien- und Freundeskreis Vegetarier zählen.

Kirsten Skaarup

Warum auf Fleisch verzichten?

Die meisten Menschen, die zu pflanzlicher Kost übergehen, tun dies hauptsächlich aus Gesundheitsgründen. Aber es kann auch viele andere Gründe geben – man kann beispielsweise seine Eßgewohnheiten aus ethischen Gründen ändern. Und überdies haben viele Menschen die falsche Lebensweise unserer modernen Wohlstandsgesellschaft in der westlichen Welt erkannt.

Wie wird der Eiweißbedarf (Proteinbedarf) gedeckt?
Wer beschließt, ganz oder teilweise auf tierische Produkte zu verzichten, früher aber große Mengen Fleisch und Milcherzeugnisse gegessen hat, der sollte den Anteil tierischer Nahrung langsam verringern, damit der Körper Zeit hat, sich auf die neue, leichtere Kost einzustellen. Die Fleischportionen werden kleiner, dagegen steigen die von Fisch und Eiern an.
Vielleicht entscheidet man sich mit der Zeit dafür, ganz auf fleischlose Kost überzugehen, die entweder rein pflanzlich sein oder aber sowohl Milcherzeugnisse als auch Eier umfassen kann.
Allgemein besteht die Befürchtung, der Vegetarier würde früher oder später unter Proteinmangel leiden. Diese Ansicht ist jedoch unbegründet, vor allem wenn die Kost durch Milcherzeugnisse und Eier angereichert wird. Die Rezepte in diesem Buch decken den Proteinbedarf angemessen.
Wenn man seine Nahrung wirklich radikal umstellen und alle tierischen Erzeugnisse ausschließen will, so ist es notwendig, sich mit den Grundprinzipien der Ernährungslehre zu befassen. Es hat keinen Sinn, von einer unzureichenden Nahrung auf eine andere überzugehen, und darum müssen die einzelnen Mahlzeiten so zusammengesetzt sein, daß sie ausreichend essentielle Aminosäuren enthalten, damit der Körper vollwertiges Protein zusammensetzen kann. Mit anderen Worten: Die tierischen Proteinquellen müssen durch entsprechende pflanzliche ersetzt werden.
Proteine sind aus 20 verschiedenartigen Aminosäuren zusammengesetzt, und etwa acht davon – die sogenannten essentiellen – kann der Körper nicht selbst bilden. Sie müssen jeden Tag mit der Nahrung aufgenommen werden. Tierische Produkte enthalten hauptsächlich Proteine mit einer Zusammensetzung von Aminosäuren, die dem menschlichen Protein ähnlich ist. Es ist durchaus möglich, eine entsprechende vollwertige Kost dadurch zu erreichen, daß man pflanzliche Erzeugnisse so kombiniert, daß deren Aminosäuren einander ergänzen.
Beispielsweise kann man die Proteine von Getreideprodukten mit Blattgemüse und Sesamsamen oder mit Bohnen komplettieren, die in Hülsenfrüchten mit Gemüse und Nüssen oder Samen, die in Reis mit Hülsenfrüchten und Blattgemüse, in Kartoffeln mit Getreideprodukten oder Eiern. Die Aufzählung ließe sich erweitern, es gibt darüber entsprechende Literatur.

Ein Vegetarier sollte sich vor allem bemühen, möglichst abwechslungsreich zu essen.

Verschiedene Formen des Vegetarismus
Die Rezepte dieses Buches wenden sich an Ovo-lacto (Milch-Eier)-Vegetarier, d. h. Menschen, die in erster Linie auf Fleisch verzichten wollen. Außerdem gibt es Lacto (Milch)-Vegetarier, die keine Eier essen, sowie strenge Vegetarier, die weder Eier essen noch Milch trinken.
Es wird allgemein immer befürchtet, daß Vegetarier an Proteinmangel leiden könnten.
Diese Furcht ist jedoch unbegründet, besonders was Ovo-lacto-Vegetarier betrifft. Jeder Vegetarier, der sich mit den Prinzipien der Ernährungslehre beschäftigt und eine vielseitige Kost zu sich nimmt, wird ein beneidenswertes Wohlbefinden erreichen und völlig ausreichend ernährt sein. Strenge Vegetarier sollten jedoch auf das Vitamin B_{12} achten, das hauptsächlich in tierischen Produkten zu finden ist und es eventuell in Tablettenform zu sich nehmen.

Die Zutaten und ihre Behandlung

Für die Zubereitung eines gesunden und schmackhaften Menüs ist die Verwendung von viel frischem Gemüse besonders wichtig. Wesentlich ist auch, daß beim Einkauf stets die Qualität der Quantität vorzuziehen ist.
Das Gemüse muß immer sorgfältig geputzt und gewaschen werden. Wichtig ist aber auch, daß man nicht mehr schält oder putzt als nötig.
Viele Nährstoffe sitzen in oder unmittelbar unter der Schale und manche Gemüse behalten einen weitaus besseren Geschmack, wenn sie nicht geschält oder geputzt werden. Bei einer Reihe von Früchten ist dies ohnehin überflüssig.
Beim Garen gehen ebenfalls wichtige Stoffe verloren. Daher ist es sehr wichtig, nicht länger zu kochen oder zu braten als unbedingt notwendig. Außerdem sollte man das Kochwasser weitestgehend für Suppen, Saucen usw. verwenden. Nur knapp gar gekochtes Gemüse schmeckt außerdem viel besser als ausgekochtes.

Der Punkt auf dem i
Knoblauch sollte man für die Kost ohne Fleisch täglich verwenden – teils aus gesundheitlichen Gründen, teils weil er so gut zu allen Gemüsegerichten paßt.
Knoblauch ist eine der ältesten Heilpflanzen, die schon von jeher wegen ihrer vielen, guten Eigenschaften hoch geschätzt wird.
Seit Jahrhunderten wird Knoblauch als bakterientötend, schleimlösend und fieberstillend angesehen.
Manche Menschen meiden Knoblauch wegen des Geruches, aber kaut man nach dem Genuß von Knoblauch etwas frische Petersilie, verschwindet der Geruch – und außerdem erhält man so noch einen kleinen Extraschuß Eisen!

Gewürze teilt man in zwei Gruppen: die frischen Kräuter und die Trockengewürze. Den Verbrauch von frischen Kräutern kann man kaum übertreiben. Eine Handvoll

Petersilie, Schnittlauch, Dill, Kresse und evtl. Kerbel sollte täglich wegen des Eisen- und Vitamingehalts verzehrt werden. Man kann beispielsweise zum Mittag- oder Abendessen eine kleine Schüssel oder ein Brettchen mit Kräutern auf den Tisch stellen, so daß sich die Familie oder die Gäste je nach Geschmack und Bedarf selbst bedienen können. Ein Gewürzsträußchen ist außerdem ein ausgezeichneter Geschmackspender. Man kann die Gewürze in einen Teefilter geben und in dem Gemüse oder der Suppe mitkochen, so wird vermieden, daß Blattstückchen oder Stengel im fertigen Gericht sind. Frische Kräuter können auch in verschiedenen Mischungen eingefroren werden. Auf diese Weise hat man immer die richtige Mischung zur Hand.
Die Verwendung von Trockengewürzen bei der Zubereitung von Gerichten ist nicht nur anregend, sondern fast unumgänglich.
Aber sie sollten nur in kleinen Portionen verwendet werden, weil sie den Appetit anregen und in gewissen Fällen die Schleimhäute des Darmes reizen. Verwendet man sie sparsam und kombiniert sie mit den geeigneten Gemüsen, so können sie dem Essen einen extra »Pfiff« geben, der ein Menü zu etwas Erlesenem macht. Richtig zu würzen, ist eine »Wissenschaft«. Man muß es ausprobieren.
Salz wird dem Essen oft in viel zu großem Umfang beigegeben. Die schädliche Wirkung auf den Blutdruck und das Gleichgewicht der Körpersäfte ist bekannt. Aber ganz ohne Salz zu kochen, ist schwierig. Es ist deshalb zu empfehlen, statt des industriell raffinierten weißen Salzes, aus dem die meisten Mineralstoffe und Spurenelemente entfernt sind, Meersalz zu verwenden. Man kann den Verbrauch von Salz durch kürzeres Kochen des Gemüses vermindern, da so die natürlichen Salze weitgehend bewahrt werden. Außerdem kann man sich daran gewöhnen, stets ein Gewürzsträußchen anstelle von Salz im Gemüse mitzukochen. Bei Rohkost ist die Verwendung von Salz fast überflüssig, weil der Eigengeschmack des Gemüses hier überwiegt.

Über die Rezepte

Da es sich um nicht alltägliche Menüs handelt, besteht der Hauptteil der Rezepte aus Ofengerichten, die gratiniert, gebakken oder auf ähnliche Weise zubereitet werden, so daß das meiste rechtzeitig vorbereitet werden kann. Auch bei einem Menü ohne Fleisch, das ohnehin schon farbenfroh und appetitanregend wirkt, ist es wichtig, daran zu denken, wie es angerichtet werden soll. Auch das Auge will sich erfreuen.
Das Buch enthält Vorschläge für Menüs mit jeweils drei Gerichten, die auch anders zusammengestellt werden können. Wichtig ist nur, daß nicht dasselbe Gemüse oder Obst in allen drei Gerichten verwendet wird. Die Farbzusammenstellung ist auch nicht unwesentlich – ein Menü mit drei farblosen Gerichten kann schnell etwas langweilig wirken.
Fast zu allen Menüs kann man Brot servieren. Deshalb sind am Ende des Buches Rezepte (siehe Seite 129) für einige gesunde

und einfache Brote und Brötchen aufgeführt.
Bei den Rezepten wurde auf Zutaten Wert gelegt, die man überall kaufen kann. Aber einige muß man sich im Reformhaus oder auch im Bioladen beschaffen. Es handelt sich dabei um:

- Soja-Vita und Soja-zart (in Dosen), die beide industriell hergestellte Soja-Produkte sind,
- Agar-Agar, das aus Algen hergestellt und als Gelatine des Vegetariers bezeichnet wird,
- Sojanudeln, die aus einer Mischung von Weizen- und Sojamehl sowie einem Konzentrat aus Weizenkörnern hergestellt werden,
- Sojamehl
- Rohzucker
- Gemüsebrühwürfel

Granola ist eine Getreidemischung, die man anstelle von Paniermehl verwenden kann. Sie ist in Deutschland noch nicht erhältlich, man kann sie aber leicht selbst herstellen: Weizenmehl, Haferflocken, Gerstenflocken, Malzsirup, Nüsse und Salz mischen und rösten, zerbröseln und anstelle von Paniermehl verwenden.

Zum Gebrauch des Buches

Abkürzungen

mg	Milligramm (1/1000 g)
g	Gramm
kg	Kilogramm
dl	Deziliter (1/10 Liter)
l	Liter
EL	Eßlöffel
TL	Teelöffel
kcal	Kilokalorie
kJ	Kilojoule

Die Rezepte sind für 4–5 Personen berechnet, wenn nichts anderes vermerkt ist.
Am Ende jedes Menüs steht eine kurze Nährwertübersicht, die sich auf den Gehalt in 100 g eßbaren Anteil von rohem Obst oder Gemüse bezieht.
Sie enthält den Eiweiß-, Fett-, Kohlenhydrat- und Energiegehalt einer der jeweils verwendeten Obst- bzw. Gemüsesorten. Der Mineralstoff- bzw. Vitamingehalt ist angegeben, wenn das jeweilige Obst oder Gemüse besonders gut zur Deckung des Bedarfes geeignet ist. Zum Vergleich ist dann der entsprechende Tagesbedarf angegeben.

Menüs

Gurkensalat Griechisch

Auberginen Santorin mit Kartoffeln Schweizer Art

Schafskäse mit Thymianhonig

Gurkensalat Griechisch

3 dl Joghurt
3 EL Crème fraîche oder saure Sahne
1 Knoblauchzehe
1 EL Olivenöl
1 EL Weinessig
Salz
Zucker

1 große Salatgurke
1 Bund Petersilie

Joghurt mit Crème fraîche, der zerdrückten Knoblauchzehe, Olivenöl sowie dem Weinessig verrühren und mit Salz und Zucker abschmecken.
Gurke in Scheiben schneiden, abtropfen lassen und unter die Marinade mischen.
Den Salat eisgekühlt in Portionsschalen servieren und mit gehackter Petersilie bestreuen.

Auberginen Santorin

4–5 Auberginen
2 Zwiebeln
Öl
250 g Champignons
1 Dose Tomaten
2 Knoblauchzehen

2½ dl Sahne
1 dl Tomatenmark
1 TL Oregano
Salz
Pfeffer
15 gefüllte Oliven
4 EL geriebener Käse

Auberginen in kochendes Wasser geben und ca. 5 Minuten kochen. Aus dem Wasser nehmen, der Länge nach teilen und Fruchtfleisch auslösen.
Für die Füllung die Zwiebeln hacken und in Öl anschwitzen. Champignons in Scheiben schneiden, dazugeben und zusammen mit den abgetropften Tomaten, den zerdrückten Knoblauchzehen und dem in kleine Stückchen geschnittenen Auberginenfleisch ca. 5 Minuten brodeln lassen.

Sahne mit dem Saft der Tomaten, dem Tomatenmark, Oregano, Salz und Pfeffer verrühren. Alles in eine große feuerfeste Form gießen und die ausgehöhlten Auberginenhälften hineinstellen. Füllung hineingeben, mit den in Scheiben geschnittenen Oliven belegen und mit dem geriebenen Käse bestreuen. Die Auberginen bei 175° C im vorgeheizten Ofen ca. 50 Minuten gratinieren.

Kartoffeln Schweizer Art

750 g Kartoffeln
1 Knoblauchzehe
Öl
4 dl Milch
1½ dl Sahne
5 EL geriebener Käse
Salz
Pfeffer

Die Kartoffeln schälen und in feine Scheiben schneiden. Mit der zerdrückten Knoblauchzehe einige Minuten in Öl anschwitzen. Milch, Sahne und 3 Eßlöffel des geriebenen Käses dazugeben. Die Kartoffeln bei schwacher Hitze unter ständigem Rühren ca. 5 Minuten simmern lassen. Mit Salz und Pfeffer würzen und in eine feuerfeste Form füllen. Den Rest des Käses darüberstreuen und ca. 40 Minuten bei 175° C im vorgeheizten Ofen überbacken.

Schafskäse mit Thymianhonig

250–300 g griechischer Schafskäse
6 EL Honig
2 TL Thymian

Käse in Würfel schneiden und in eine Schüssel legen. Den Honig mit Thymian verrühren und über den Käse gießen.
Dazu reicht man Vollkornkekse oder Walnußbrötchen (siehe Seite 130).

100 g Gurken enthalten
E: 0,6 g F: 0,2 g KH: 1,3 g
Energie: 8 kcal/33 kJ

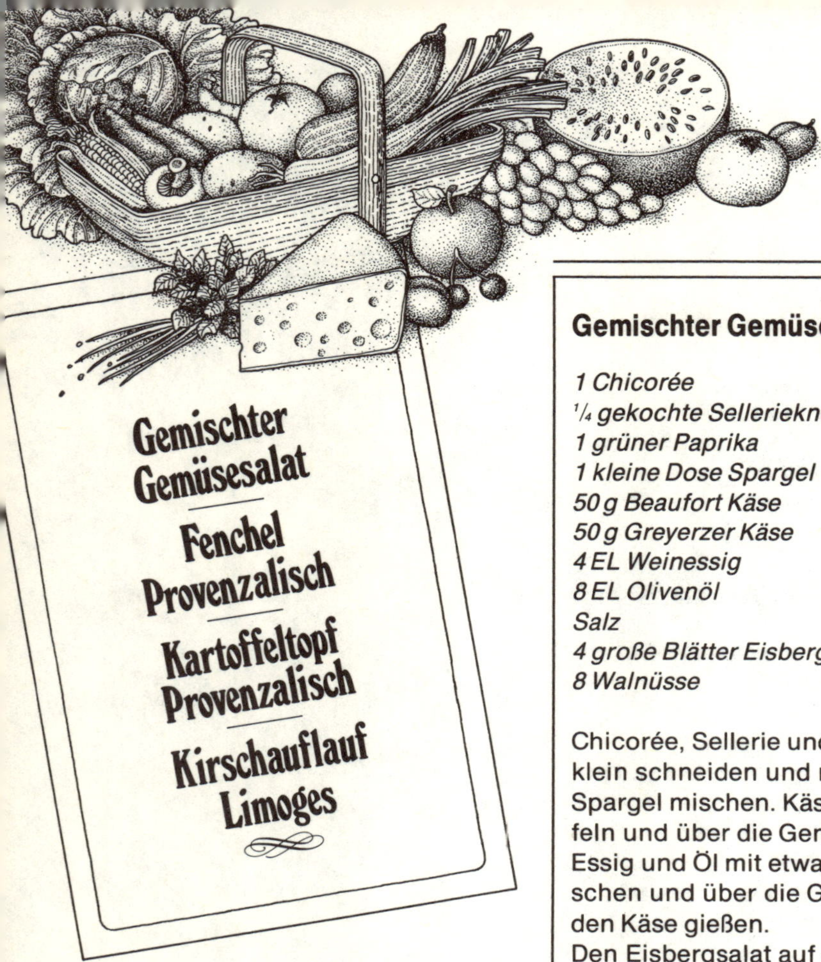

Gemischter Gemüsesalat

1 Chicorée
¼ gekochte Sellerieknolle
1 grüner Paprika
1 kleine Dose Spargel
50 g Beaufort Käse
50 g Greyerzer Käse
4 EL Weinessig
8 EL Olivenöl
Salz
4 große Blätter Eisbergsalat
8 Walnüsse

Chicorée, Sellerie und Paprika klein schneiden und mit dem Spargel mischen. Käse klein würfeln und über die Gemüse geben. Essig und Öl mit etwas Salz mischen und über die Gemüse und den Käse gießen.
Den Eisbergsalat auf 4 Tellern anrichten und den Gemüsesalat darauf verteilen. Walnüsse hacken und darüberstreuen.

Fenchel Provenzalisch

4 große Fenchelknollen
2 Zwiebeln
Öl
1 Knoblauchzehe
5–6 Tomaten
1 dl Tomatenmark
1 dl Sahne
1–2 TL Thymian
50 g schwarze Oliven
Salz, Pfeffer
25 g Butter
75 g geriebener Greyerzer Käse

Die Fenchelknollen der Länge nach durchschneiden und ca. 15 Minuten weich kochen. Zwiebeln hacken und in Öl anschwitzen. Die zerdrückte Knoblauchzehe zufügen. Tomaten in Scheiben schneiden und zusammen mit dem Tomatenmark und der Sahne zu den Zwiebeln geben. Den Thymian daruntermischen. Die Sauce ca. 20 Minuten langsam kochen lassen, dann die schwarzen Oliven hineingeben und mit Salz und Pfeffer abschmecken.
Butter in einer feuerfesten Form zerlassen und den abgetropften Fenchel hineinlegen. Sauce dar-

übergießen und mit dem geriebenen Käse bestreuen. Das Gericht ca. 15 Minuten bei 200° C im vorgeheizten Ofen gratinieren.

Kartoffeltopf Provenzalisch

8 mittelgroße Kartoffeln
5 EL Olivenöl
1 mittelgroße Zwiebel
1½ dl kochendes Wasser
200 g Erbsen
2 Knoblauchzehen
1 Lorbeerblatt
½ TL Thymian
½ TL Fenchel
Salz, Pfeffer

Kartoffeln nicht ganz gar kochen, schälen und in Scheiben schneiden. Öl in eine feuerfeste Form (mit Deckel) geben und darin die gehackte Zwiebel bräunen. Kartoffeln in Öl wenden und das kochende Wasser dazugeben. Danach die Erbsen, die zerdrückten Knoblauchzehen, Lorbeerblatt, Thymian und Fenchel zugeben. Deckel auflegen und die Kartoffeln ca. 10–15 Minuten bei 200° C im vorgeheizten Ofen backen.

Kirschauflauf Limoges

100 g Mehl
1 Prise Salz
3 Eier
50 g Rohzucker
ca. 1 dl Milch
500 g Süßkirschen

Mehl, Salz, Eier, Zucker und Milch zu einem dicken Pfannkuchenteig verrühren. Kirschen entsteinen und in den Teig geben. Die Pfannkuchenmasse in eine gefettete Auflaufform füllen und ca. 40–50 Minuten bei 175° C im vorgeheizten Ofen backen. Dazu kann auch Crème fraîche oder saure Sahne serviert werden.

100 g Süßkirschen enthalten
E: 0,9 g F: 0,4 g KH: 15,1 g
Energie: 60 kcal/253 kJ
Kalium: 229 mg
Tagesbedarf: 2000–3000 mg

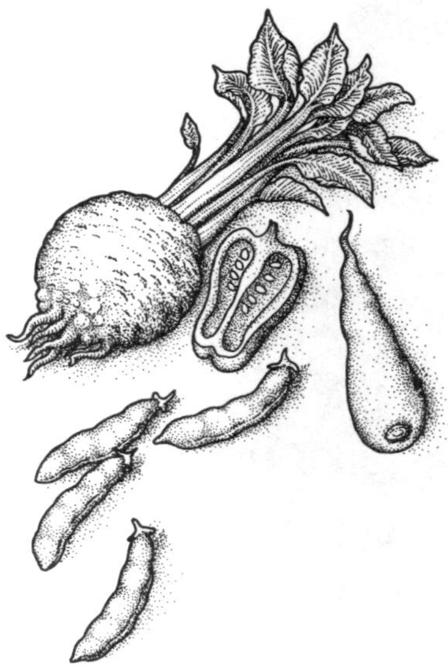

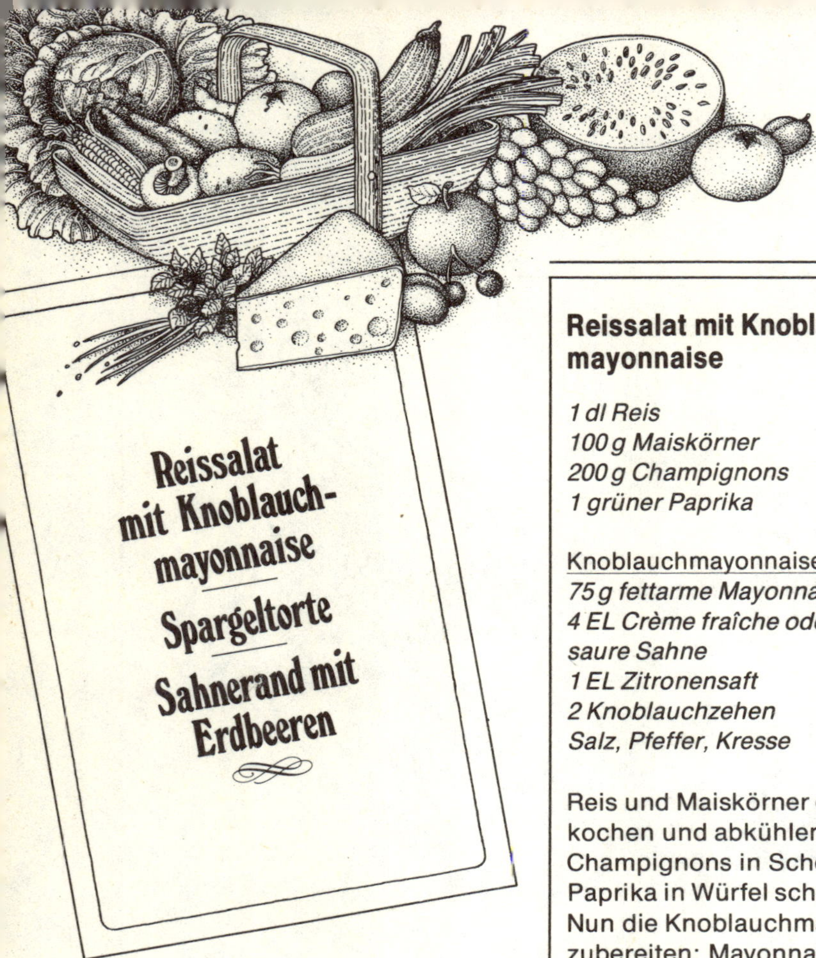

Reissalat mit Knoblauchmayonnaise

1 dl Reis
100 g Maiskörner
200 g Champignons
1 grüner Paprika

Knoblauchmayonnaise
75 g fettarme Mayonnaise
4 EL Crème fraîche oder saure Sahne
1 EL Zitronensaft
2 Knoblauchzehen
Salz, Pfeffer, Kresse

Reis und Maiskörner getrennt kochen und abkühlen lassen. Champignons in Scheiben und Paprika in Würfel schneiden. Nun die Knoblauchmayonnaise zubereiten: Mayonnaise mit Crème fraîche oder saurer Sahne, Zitronensaft und den zerdrückten Knoblauchzehen anrühren. Mit Salz und Pfeffer abschmecken.
Mais, Champignons und Paprika mit dem Reis mischen und in 4 Portionsschalen anrichten. Die Knoblauchmayonnaise darübergießen und mit viel frischer Kresse garnieren.

Spargeltorte

150 g Butter
200 g Mehl
1 EL kaltes Wasser
1 Eigelb
1 TL Backpulver
Salz

3 EL Mehl
50 g Butter
2 Dosen Spargel (insg. ca. 500 g)
2 dl Spargelwasser
1 dl Milch oder Sahne
2 Eigelb
Salz, Zitronensaft
1 Bund Petersilie

Butter im Mehl zerbröseln, mit Wasser, Eigelb, Backpulver und Salz rasch zu einem Teig kneten. Den Teig ausrollen und eine Springform damit auslegen. Mit einer Gabel mehrmals in den Teig stechen und den Tortenboden ca. 20 Minuten bei 200° C im vorgeheizten Ofen backen.
Den Spargel leicht erwärmen, abtropfen lassen und auf dem Tortenboden verteilen, der im Ofen warm gehalten wird.

Avocadosuppe (siehe Seite 80)

Inzwischen die Sauce herstellen: Aus Mehl und Butter einen Mehlkloß anrühren. Spargelwasser zusammen mit Milch oder Sahne zum Kochen bringen und mit dem Mehlkloß binden. Sauce gut durchkochen, vom Herd nehmen und mit den beiden Eigelb legieren. Mit Salz und Zitronensaft abschmecken und die Sauce über die Torte gießen. Petersilie fein hacken und über die Spargeltorte streuen.
Zur Torte kann grüner Salat serviert werden.

Abwandlung
Die Torte kann auch mit 500 g frischem Spargel zubereitet werden. Der Spargel muß dann 15–25 Minuten in wenig Wasser, mit etwas Butter und je 1 Prise Salz und Zucker vorgekocht werden. Er kann dann, wie im Rezept angegeben, weiterverarbeitet werden.

Sahnerand mit Erdbeeren

Sahnerand
2 Eigelb
2 EL Rohzucker
2 TL Agar-Agar
3 dl Sahne
50 g Mandeln

500 g Erdbeeren

Eigelb mit Zucker schaumig rühren. Agar-Agar in Wasser aufkochen lassen und zu der Eigelbmasse geben. Sahne steif schlagen und unter die Eimasse ziehen. Mandeln mit kochendem Wasser überbrühen, abziehen, hacken und dazugeben. Die Masse in eine ausgespülte, mit Zucker bestreute Kranzform füllen und einige Stunden in den Kühlschrank stellen.
Zum Servieren den Rand auf eine Platte stürzen und die durchgeschnittenen Erdbeeren in die Mitte häufen.

Abwandlung
In den Sahnerand können auch andere Früchte gefüllt werden (z. B. Himbeeren).

100 g Erdbeeren enthalten
E: 0,8 g F: 0,4 g KH: 7,5 g
Energie: 33 kcal/138 kJ
Vitamin C: 64 mg
Tagesbedarf: 75 mg

Paprikaschoten Italienisch

Käsechampignons und Rosmarin-kartoffeln mit Schnittlauchquark

Zitronentorte

Paprikaschoten Italienisch

2 grüne Paprika
250 g körniger Frischkäse
Knoblauchsalz
1 Tomate
Kresse

Paprika quer durchschneiden, Kerne entfernen und so zuschneiden, daß sie auf einem Teller stehen können. Frischkäse mit Knoblauchsalz abschmecken und in die halbierten Schoten füllen. Mit einer Tomatenscheibe belegen und mit reichlich Kresse bestreuen.

Käsechampignons

1 kg Champignons
oder Egerlinge
25 g Butter
Salz
Pfeffer
Zitronensaft
4 dl Sahne
300 g Schabziger Käse (grüner Alpenkäse)
200 g Magerquark
evtl. Stärkemehl zum Andicken der Soße

Die ganzen Champignons in Butter anschwitzen. Salz, Pfeffer, etwas Zitronensaft und die Sahne dazugeben und ca. 8 Minuten leicht simmern lassen, ehe man nach und nach den Käse dazugibt. Die Sauce soll ziemlich dick sein. Wenn sie zu dünn ist, mit Stärkemehl binden. Das Gericht in eine gefettete feuerfeste Form füllen und ca. 10–15 Minuten bei 225° C im vorgeheizten Ofen gratinieren.
Hierzu grünen Salat servieren.

Rosmarinkartoffeln mit Schnittlauchquark

4 große oder 8 kleinere Kartoffeln
Öl
Salz
Rosmarin

Schnittlauchquark
4 EL Magerquark
2 EL Joghurt
1 TL Kümmel
1 Bund Schnittlauch

Kartoffeln gut bürsten und über Kreuz einschneiden. Mit Öl bepinseln und mit Salz und Rosma-

rin bestreuen. Kartoffeln ca. 40–60 Minuten bei 200° C im vorgeheizten Ofen backen.
Quark mit Joghurt, Kümmel und Schnittlauchröllchen zu einer Füllung verrühren.
Wenn die Kartoffeln fertig gebakken sind, leicht zusammendrükken, damit sich das Kreuz öffnet. Etwas aushöhlen und die Füllung hineingeben.

Zitronentorte

75 g Butter
125 g Mehl
25 g Rohzucker
1 Ei

Zitronencreme
2 Eier
25 g Rohzucker
3 dl Milch
2 TL Stärkemehl
Saft von 1–2 Zitronen

Butter im Mehl zerbröseln, Zukker und Ei dazugeben, Teig zusammenkneten und ½ Stunde kalt stellen. Teig ausrollen und eine gefettete Springform damit auslegen. Seitlich etwas hochziehen, so daß ein Rand entsteht. Den Tortenboden mit einer Gabel mehrmals einstechen und ca. 15 Minuten bei 180° C im vorgeheizten Ofen backen.
In der Zwischenzeit die Zitronencreme zubereiten: Eigelb und Zucker schaumig rühren. Milch zum Kochen bringen und mit Eigelb verquirlen. Die Creme in den Kochtopf zurückgießen, das angerührte Stärkemehl dazugeben und die Creme unter ständigem Quirlen zum Kochen bringen. Topf vom Herd nehmen. Wenn die Creme etwas abgekühlt ist, mit Zitronensaft abschmecken. Eiweiß steif schlagen. Zitronencreme auf den gebackenen Tortenboden gießen und die Eiweißmasse in Häufchen daraufsetzen. Torte bei 180° C im vorgeheizten Ofen fertig backen, bis die Oberfläche goldbraun ist.

100 g Champignons enthalten
E: 2,7 g F: 0,2 g KH: 3,0 g
Energie: 23 kcal/95 kJ
Vitamin B_2: 0,44 mg
Tagesbedarf: 1,8–2,0 mg

Möhren-Kastaniensalat

250 g Eßkastanien in der Schale (Maroni)
Öl
1 dl Gemüsebrühe
1 TL Rohzucker
Salz

2–3 Möhren
50 g Erdnüsse
Öl
1 dl gehackte Feigen

4 große Salatblätter
Essig- und Ölmarinade

Die Kastanien über Kreuz einschneiden. Kochen bis sich das Kreuz öffnet und man versuchen kann, die Schale zu lösen – geht dies nicht, noch etwas länger kochen lassen. Kastanien schälen und durchschneiden. Ca. 5 Minuten in Öl rösten, ehe man die Gemüsebrühe, Zucker und Salz dazugibt. Kastanien bei schwacher Hitze kochen, bis die gesamte Flüssigkeit verdampft ist.
Möhren grob reiben. Erdnüsse teilen, in Öl rösten und mit den geriebenen Möhren und den gehackten Feigen mischen.
Die Salatblätter auf 4 Teller verteilen. Den Möhrensalat kranzförmig auf den Salatblättern anrichten und Marinade beträufeln. Die Kastanien in die Mitte des Salates geben.

Salat Toskanisch

4 Köpfe Römischer Salat
1 Zwiebel
Öl
350 g Champignons
1 Bouquet garni (Petersilie, Lorbeerblatt und Thymian)
1 EL Tomatenmark
2½ dl Gemüsebrühe
1½ dl Sahne
1½ EL Mehl
4–6 Tomaten
1 dl Apfelmost
50 g geriebener Parmesan

300 g grüne Bandnudeln
Salz
geriebener Parmesan

Den Salat in kochendes Wasser geben und ca. 5 Minuten kochen lassen.
Zwiebel hacken und in Öl anschwitzen. Die ganzen Champi-

gnons zugeben und ebenfalls einige Minuten in Öl anbraten, ehe man das Bouquet garni, das Tomatenmark und die Gemüsebrühe dazugibt. Gemüse bei schwacher Hitze ca. 10 Minuten leicht kochen lassen. Das Bouquet garni herausnehmen und die Sahne dazugeben. Die Sauce mit angerührtem Mehl binden und gut durchkochen lassen.
Die Salatköpfe in eine große feuerfeste Form legen. Tomaten über Kreuz einschneiden und gleichfalls in die Form geben. Champignonsauce dazugießen. Apfelmost über Salatköpfe und Tomaten gießen und das Gericht mit geriebenem Parmesan bestreuen. Ca. 15 bis 20 Minuten bei 200° C im vorgeheizten Ofen gratinieren.
Nudeln 12 Minuten in 3 l Salzwasser kochen. Sofort mit geriebenem Parmesan bestreut servieren.

Weintraubentorte mit Mandeldecke

200 g Mehl
50 g Rohzucker
90 g Butter
½ TL Zimt
1 Ei

50 g Paniermehl
400 g Weintrauben

3 Eier
75 g Rohzucker
1 EL Zitronensaft
100 g Mandeln

Die Zutaten für den Tortenboden rasch zusammenkneten und den Teig mindestens 1 Stunde kalt stellen, ehe man ihn ausrollt und eine gefettete Springform damit auslegt. An den Seiten etwas hochdrücken, damit ein Rand entsteht. Diesen Tortenboden ca. 10 Minuten bei 200° C im vorgeheizten Ofen vorbacken. Paniermehl daraufstreuen und die halbierten, entkernten Weintrauben darauf verteilen.
Für die Mandelmasse die Eier mit Zucker und Zitronensaft über einem Wasserbad kräftig zu einer luftigen Masse schlagen. Mandeln abziehen, hacken und unter die Eimasse mischen, die dann über die Weintrauben gegossen wird. Die Torte ca. 45 Minuten bei 180° C im heißen Ofen fertig backen.
Dazu kann evtl. Crème fraîche serviert werden.

100 g Trauben enthalten
E: 0,7 g F: 0,3 g KH: 16,8 g
Energie: 65 kcal/272 kJ

Porree Portugiesisch — Pfifferlingstopf mit Blumenkohlsalat — Honigeis mit warmen Früchten

Porree Portugiesisch

8 Stangen Porree
2 EL Butter
2 EL Mehl
2½ dl Milch
Porreewasser
Pfeffer
2 hartgekochte Eier

ca. 12 gefüllte Oliven
1 Bund Petersilie

Porree fast weich kochen und in eine gefettete feuerfeste Form legen.
Aus Butter und Mehl einen Mehlkloß anrühren. Die Milch-Porreewasser-Mischung zum Kochen bringen und mit dem Mehlkloß binden. Sauce gut durchkochen, mit Pfeffer abschmecken und die gehackten Eier dazugeben. Die Sauce über den Porree gießen und bei 200° C im vorgeheizten Ofen gratinieren, bis die Oberfläche goldbraun ist.
Zum Servieren mit den in Scheiben geschnittenen Oliven und gehackter Petersilie bestreuen.

Pfifferlingstopf

500 g Spinat
750 g Schwarzwurzeln
Milch
Wasser
4 Tomaten
Salz
Pfeffer
100 g geriebener, milder Käse
1 Zwiebel
Öl
250 g Pfifferlinge (oder andere Pilze)
2½ dl Sahne
3 EL Mehl
ca. 1 dl Gemüsewasser
Zitronensaft

Den Spinat weich dünsten und in eine gefettete feuerfeste Form geben. Schwarzwurzeln in halb Milch, halb Wasser weich kochen und abziehen. Zusammen mit den in Scheiben geschnittenen Tomaten auf den Spinat geben. Mit Salz, Pfeffer und der Hälfte des geriebenen Käses bestreuen. Zwiebel hacken und in etwas Öl anschwitzen. Die vorbereiteten Pilze dazugeben und einige Minuten leicht kochen lassen. Sahne zufügen, aufkochen lassen und mit dem angerührten Mehl binden. Ist die Sauce zu dick, mit Gemüsewasser verdünnen. Mit Salz, Pfeffer und Zitronensaft abschmecken. Sauce noch einmal ca. 5 Minuten durchkochen und über das Gemüse gießen. Den restlichen Käse darüberstreuen und das Gericht ca. 20 Minuten bei 200° C im vorgeheizten Ofen gratinieren.

Blumenkohlsalat

2 dl Crème fraîche oder saure Sahne
1 Knoblauchzehe
1 EL grüner Senf
Salz
Pfeffer
½ Blumenkohl
Kresse

Crème fraîche oder saure Sahne mit der zerdrückten Knoblauchzehe, grünem Senf, Salz und Pfeffer abschmecken. Blumenkohl in kleine Röschen teilen und in der Marinade wenden. Mit Kresse bestreuen und sofort servieren.

Honigeis mit warmen Früchten

Honigeis
(für 8 Personen)
5 dl Kaffeesahne
6 Eigelb
½ dl Honig
3 Eiweiß
5 EL Orangensaft
2½ dl Sahne
100 g Nüsse

Früchte
(für 4 Personen)
3 EL Honig
1 Banane
1 Pfirsich
2 Ananasringe oder andere Früchte, je nach Geschmack

Kaffeesahne in einem Topf bei schwacher Hitze anwärmen. Die Eigelb verquirlen und in die warme Kaffeesahne geben. Topf wieder auf den Herd zurückstellen und die Masse bei schwacher Hitze rühren, bis sie eindickt. Honig dazugeben und zergehen lassen. Ist die Mischung erkaltet, das steifgeschlagene Eiweiß, den Orangensaft, die steifgeschlagene Sahne sowie die gehackten Nüsse unterziehen. Creme einfrieren und ehe sie fest wird, einigemal umrühren.
Die oben aufgeführten Früchte, oder auch andere, je nach Geschmack, in Scheiben oder Würfel schneiden und in Honig gut durchwärmen.
Zum Servieren die Hälfte des Eises auf eine Schale häufen und mit den warmen Früchten bedecken.

100 g Pfifferlinge enthalten
E: 1,5 g F: 0,5 g KH: 3,0 g
Energie: 20 kcal/85 kJ
Eisen: 6,5 mg
Tagesbedarf: 12–18 mg

Möhrencocktail und Appetithäppchen

Es ist unnötig, zur Reistafel eine Vorspeise zu servieren. Statt dessen werden die Gäste mit einem Glas frisch gepreßtem Möhrensaft und Appetithäppchen begrüßt, z. B. mit halben Artischokkenherzen, die zwischen zwei dünnen Möhrenscheiben aufgespießt werden. Außerdem können auch kleine Dreiecke von Brie oder Camembert mit Weintrauben serviert werden.

Reistafel

4 dl Reis
Salz

350 g Champignons
1 TL Curry
2 EL Öl
1 grüner Paprika
1 roter Paprika
1 Dose Bambussprossen
250 g Bohnenkeime
1 TL Boemboe Nasi Goreng
½ dl chinesische Sojasauce
4 dl Gemüsebrühe
4 EL Mehl

2–3 Bananen
Kokosraspel
½ Gurke
150 g Oliven
3 hartgekochte Eier
1 Dose Ananaswürfel
100 g Erdnüsse
1 Dose Madarinen
100 g Rosinen
Mango Chutney
eingemachter Ingwer
Paprika

Reis in Salzwasser kochen. Champignons in Scheiben schneiden und mit Curry in Öl anschwitzen. Paprika und Bambussprossen in Würfel schneiden und zusammen mit den Bohnenkeimen dazugeben. Boemboe Nasi Goreng, Sojasauce und Gemüsebrühe in den Topf schütten und aufkochen lassen, anschließend mit dem angerührten Mehl binden. Gericht ca. 15 Minuten durchkochen lassen und mit Salz abschmecken.
Die übrigen Zutaten in kleinen Schalen anrichten: Bananen in Scheiben schneiden und in Kokosraspeln wenden. Dazu auch noch Kokosraspel in einer gesonderten Schale servieren.

Gurke in kleine Würfel schneiden, Oliven und Eier hacken. Am besten ißt man die Reistafel aus kleinen chinesischen Schalen. Erst den Reis nehmen, danach die Zutaten, je nach Geschmack, und zum Schluß das Ragout darübergießen.

Münchner Kuchen

150 g Butter
100 g Rohzucker
100 g Mandeln
100 g Mehl
2 Eier
1 EL Sahne

2 dl zerdrückte Erdbeeren
2 TL Agar-Agar
200 g Magerquark
2 EL Rohzucker
2½ dl Sahne

500 g Erdbeeren

Butter und Zucker gut verrühren. Die Hälfte der Mandeln durch die Mandelmühle drehen, die andere Hälfte grob hacken. Mandeln, Mehl, Eier und Sahne in die Butter-Zucker-Masse rühren. Den Teig in zwei, mit Backpapier ausgelegten Springformen verteilen. Die Böden ca. 10 Minuten bei 200° C im vorgeheizten Ofen backen. In den Formen auskühlen lassen, ehe sie auf eine vollkommen flache Platte gelegt werden. Agar-Agar mit dem Erdbeermus kurz aufkochen lassen und mit Quark und Zucker verrühren. Sahne steif schlagen und unterziehen.
Die Böden mit der Creme und den durchgeschnittenen Erdbeeren zusammensetzen. Auch den oberen Boden bestreichen und mit ganzen Erdbeeren verzieren.

100 g Möhren enthalten
E: 1 g F: 0,2 g KH: 8,7 g
Energie: 38 kcal/158 kJ

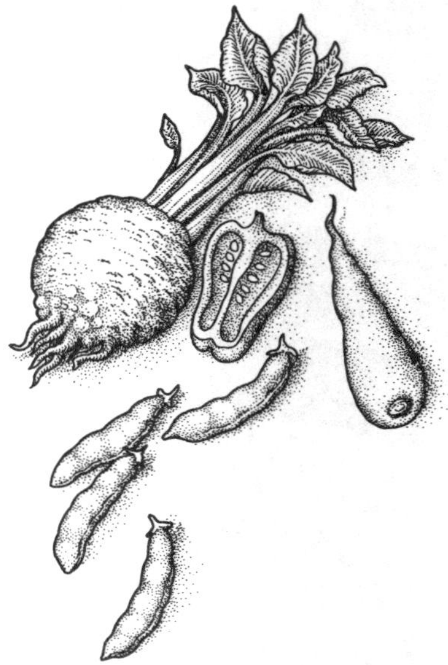

Möhrencremesuppe

1 Zwiebel
Öl
500 g Möhren
2 Kartoffeln
¼ Sellerieknolle
2 Gemüsebrühwürfel
Basilikum
Salz
Pfeffer
½ l Milch
2 dl Sahne
2 EL gehackte Petersilie

Zwiebel hacken und in etwas Öl anbraten. Möhren, Kartoffeln und Sellerieknolle klein schneiden und die Gemüsestückchen in den Topf geben. ½ l Wasser dazugießen und das Gemüse garkochen.
Wenn das Gemüse weich ist, Wasser abgießen (aufheben) und das Gemüse pürieren. Püree wieder in das kochende Wasser zurückgeben und Gemüsebrühwürfel, Basilikum, Salz und Pfeffer zusammen mit Milch und Sahne zufügen. Suppe gut durchkochen lassen und mit gehackter Petersilie bestreut servieren.

Broccolisoufflé Französisch

1 kg Broccoli
150 g fettarme Mayonnaise
200 g Magerquark
60 g Mehl
4 Eier
Salz
Pfeffer
1 TL Curry
1 TL Senf
1 dl Milch

Broccoli fast weich kochen, gut abtropfen lassen und in kleine Stücke schneiden. Mayonnaise mit Quark, Mehl, Eigelb, Gewürzen und Milch verrühren. Eiweiß steif schlagen und unterziehen. Broccoli in eine gefettete feuerfeste Form mit geraden Seitenwänden legen und mit dem Souffléteig bedecken. Soufflé ca. 35–40 Minuten bei 175° C im vorgeheizten Ofen backen und sofort servieren.
Hierzu reicht man Stangenweißbrot.

Petersilienwurzelsalat

500 g Petersilienwurzeln
2 dl Joghurt
Salz
Pfeffer
Rohzucker
4 EL Sahne
4 Tomaten
1 Bund Petersilie

Petersilienwurzeln putzen und reiben. Joghurt mit Salz, Pfeffer, Zucker und Sahne verrühren. Die geriebenen Petersilienwurzeln unterziehen und mit geviertelten Tomaten und gehackter Petersilie garnieren.

Russische Charlotte

3 Eier
3 EL Rohzucker
Saft von 1 Zitrone
2 TL Agar-Agar
2½ dl Sahne
1 Biskuitroulade mit eingemachten Himbeeren

Eigelb und Zucker schaumig rühren. Zitronensaft mit Agar-Agar und etwas Wasser aufkochen lassen und in die Eimasse rühren. Wenn diese anfängt fest zu werden, das steifgeschlagene Eiweiß und die steifgeschlagene Sahne nacheinander unterziehen.
Die Roulade in Scheiben schneiden und die Scheiben in einer runden, glatten Form eng aneinander legen. Die Schaummasse kurz bevor sie steif wird, über die Rouladenscheiben geben.
Den Nachtisch einige Stunden kalt stellen.
Zum Servieren die Kuchenstücke vorsichtig mit einem Messer lösen und das Dessert auf eine Platte stürzen. Man kann evtl. noch geschlagene Sahne dazu servieren.

100 g Petersilienwurzel enthalten
E: 2,9 g F: 0,6 g KH: 2,3 g
Energie: 22 kcal/91 kJ
Vitamin B_6: 0,23 mg
Tagesbedarf: 1,6–1,8 mg

Artischockensalat

1 Dose Artischockenherzen
2 Stangensellerie
100 g Sojanudeln

1 dl fettarme Mayonnaise
5 EL Tomatenmark
Salz

2 hartgekochte Eier
8 schwarze Oliven
1 Bund Petersilie

Artischockenherzen in kleine Stücke schneiden. Sellerie fein schneiden. Nudeln kochen und gut abtropfen lassen.
Mayonnaise mit dem Tomatenmark verrühren und mit Salz abschmecken.
Gemüse und Nudeln in der Marinade mischen. Den Salat mit gehackten Eiern, Oliven und Petersilie garnieren.

Auberginen Südfranzösisch

3–4 Auberginen
6 große Tomaten
3 Knoblauchzehen
1 dl Olivenöl
1 TL Thymian
1 TL Rosmarin
1 TL Majoran
Salz
2 Lorbeerblätter

Auberginen in Scheiben schneiden und ½ Stunde in Salzwasser legen. Herausnehmen und auf einem Sieb abtropfen lassen. Dann mit einem Küchentuch abtupfen.
Tomaten in Scheiben schneiden und abwechselnd mit den abgetrockneten Auberginen in eine gefettete feuerfeste Form legen. Knoblauchzehen zerdrücken und mit dem Öl vermischen. Gewürze zerstoßen und mit dem Salz über die Auberginen und Tomaten streuen. Öl darübergießen und Lorbeerblätter dazugeben; Form mit Folie abdecken. Auberginen 50–60 Minuten bei 175° C im vorgeheizten Ofen backen. Nach 30 Minuten evtl. noch einmal mit etwas Öl beträufeln.

Kartoffeln Arleser Art

4 große Kartoffeln
(zum Backen)
2 kleine Zwiebeln
1 hartgekochtes Ei
2 EL Kapern
3 EL gehackte Petersilie und
geschnittener Dill
4 EL Crème fraîche oder
saure Sahne
Salz
Pfeffer

Kartoffeln ca. 60 Minuten bei 175° C im vorgeheizten Ofen backen.
Zwiebeln, Ei und Kapern hacken und mischen. Wenn die Kartoffeln weich sind, einen Deckel abschneiden und zur Hälfte aushöhlen. Kartoffelmasse pürieren und mit den gehackten Zutaten, Petersilie oder Dill und Crème fraîche oder saurer Sahne mischen. Mit Salz und Pfeffer abschmecken und die Masse so in die Kartoffeln füllen, daß sie gehäuft voll sind. Kartoffeln jetzt bei 225° C wieder in den Ofen geben, bis die Oberfläche goldbraun gebacken ist, dann sofort servieren.

Kiwitorte

60 g Butter
60 g Rohzucker
1 Ei
75 g Mandeln
50 g Paniermehl

1½ TL Agar-Agar
1½ dl Milch
2 Eigelb
1 EL Rohzucker
1 Prise Vanille
1 dl Sahne

3 Kiwis

Butter und Zucker schaumig rühren, Eigelb dazugeben. Mandeln mahlen und mit dem gesiebten Paniermehl in den Teig geben. Eiweiß steif schlagen, vorsichtig unter den Teig ziehen und ihn dann in eine gut gefettete, mit Paniermehl ausgestreute Springform füllen. Den Mandelboden ca. 15–20 Minuten bei 200° C im vorgeheizten Ofen backen.
Agar-Agar kurz in der Milch aufkochen lassen. Eigelb mit Zucker und Vanille verquirlen. Milch dazugießen und Creme wieder in den Topf schütten. Creme schlagen bis sie dick wird, aber nicht kochen lassen. Topf vom Herd nehmen und die steifgeschlagene Sahne unterziehen, sobald die Creme fest zu werden beginnt. Creme auf dem Mandelboden verteilen. Kiwis schälen und in Scheiben schneiden; in einem hübschen Muster auf die Creme legen.

100 g Kiwi enthalten
E: 1,0 g F: 0,6 g KH: 11,3 g
Energie: 49 kcal/206 kJ
Vitamin C: 108 mg
Tagesbedarf: 75 mg

Bunter Salat

1 Avocado
Saft von 1/2 Zitrone
1/2 Grapefruit
1 Dose Palmenmark
1 kleine Dose Mandarinen
2 Tomaten
12 schwarze Oliven

6 EL Olivenöl
2 EL Essig
Salz
Pfeffer
Dijon Senf

Avocado schälen, in Streifen schneiden und sofort mit Zitronensaft beträufeln.
Grapefruit schälen, in Stücke teilen und weiße Häutchen entfernen.
Fruchtfleisch und Palmenmark in kleine Stücke schneiden und mit den Avocadostreifen sowie den Mandarinenstückchen mischen.
Salat in 4 Portionsschalen anrichten und mit Tomatenachtel und Oliven garnieren.
Aus Olivenöl, Essig, Salz, Pfeffer und Dijon Senf ein Dressing anrühren und über den bunten Salat gießen.

Gemüsepastete mit Champignons
(6–8 Personen)

200 g Linsen
50 g Sojabohnen
2 große Auberginen
4 große Kartoffeln
1 große Zwiebel
2 große Möhren
2 Zucchini
4 Knoblauchzehen
Öl
3 Eier
ca. 100 g feines Granola (siehe Seite 10)
ca. 100 g Roggenmehl
25 g Sojamehl
Basilikum
Salz
Pfeffer
250 g Champignons
Selleriesalz

Diese Mengenangaben sind für 6–8 Personen berechnet und die Hälfte des fertigen Gerichts kann evtl. eingefroren werden.
Linsen und Sojabohnen am Tag vorher einweichen. Weich kochen – Linsen ca. 20 Minuten, Sojabohnen ca. 1 Stunde – und pürieren.

Auberginen, Kartoffeln, Zwiebel, Möhren und Zucchini reiben oder fein schneiden und nacheinander, zusammen mit den zerdrückten Knoblauchzehen, in Öl anschwitzen. Alles in eine große Schüssel füllen und mit Ei, Granola, Roggen- und Sojamehl, Basilikum, Salz und Pfeffer verrühren. Die Pastete darf nicht zu mild sein. In gefettete Aluminiumformen füllen und ca. 45 Minuten bei 200° C im vorgeheizten Ofen backen.
Die Pastete zum Servieren auf eine Platte stürzen und mit den leicht angebratenen, mit Selleriesalz bestreuten Champignons bedecken.

Erbsen Französisch

10 kleine Zwiebeln
1 Bund Petersilie
1 TL Basilikum
50 g Butter
½ TL Salz
1 TL Rohzucker
250 g Erbsen
¼ dl Wasser
½ Chinakohl
2 EL Butter

Die Zwiebeln schälen und mit der gehackten Petersilie, Basilikum, Butter, Salz, Zucker, Erbsen, Wasser und dem in Streifen geschnittenen Chinakohl in einen Topf geben. Das Gemüse zum Kochen bringen, Herd auf niedrigste Temperatur zurückschalten und das Gericht 15 Minuten simmern lassen. Vor dem Anrichten die Butter unter die Erbsen rühren.

Honigmöhren

1–2 EL Honig
25 g Butter
2 dl Wasser
6–8 Möhren

Honig in der Pfanne zerlassen, Butter und Wasser zugeben. Beim Aufkochen die in fingerdicke Stücke geschnittenen Möhren hineingeben. Die Möhren ca. 20 Minuten zugedeckt simmern lassen. In den letzten Minuten den Deckel abnehmen, damit das Wasser verdunsten kann.
Kleine Möhren oder Karotten im Ganzen zubereiten.

Helgas versteckte Birnen

4 Birnen
½ EL Zitronensaft
1 EL Rohzucker

2 Eier
2 EL Rohzucker
1 EL kochendes Wasser
3 EL feingehackte Mandeln

Birnen schälen und halbieren. Mit Zitronensaft beträufeln und mit Zucker bestreuen, anschließend in wenig Wasser weich kochen. Gut abtropfen lassen und in gefettete feuerfeste Portionsschalen legen.
Eigelb mit Zucker und kochendem Wasser schaumig rühren. Eiweiß steif schlagen und zusammen mit den gehackten Mandeln unter die Eimasse mischen. Die Masse über die Birnen verteilen und ca. 15 Minuten bei 200° C im vorgeheizten Ofen gratinieren. Dazu kann man geschlagene Sahne servieren.

100 g Birnen enthalten
E: 0,5 g F: 0,3 g KH: 12,8 g
Energie: 50 kcal/210 kJ

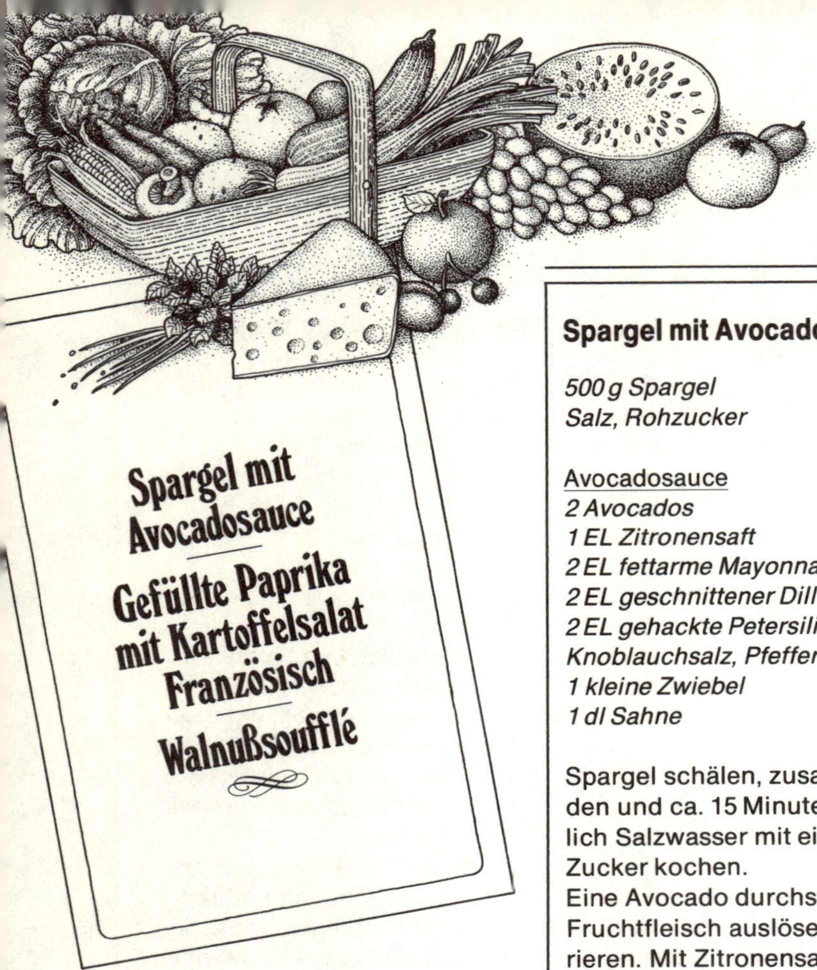

Spargel mit Avocadosauce

500 g Spargel
Salz, Rohzucker

Avocadosauce
2 Avocados
1 EL Zitronensaft
2 EL fettarme Mayonnaise
2 EL geschnittener Dill
2 EL gehackte Petersilie
Knoblauchsalz, Pfeffer
1 kleine Zwiebel
1 dl Sahne

Spargel schälen, zusammenbinden und ca. 15 Minuten in reichlich Salzwasser mit einer Prise Zucker kochen.
Eine Avocado durchschneiden, Fruchtfleisch auslösen und pürieren. Mit Zitronensaft, Mayonnaise und Kräutern verrühren. Mit Knoblauchsalz, Pfeffer und der geriebenen Zwiebel abschmecken.
Das Fruchtfleisch der zweiten Avocado auslösen. In Würfel schneiden und zusammen mit dem Püree unter die steifgeschlagene Sahne ziehen.
Die Sauce zu dem sehr heißen Spargel servieren.

Gefüllte Paprika

2–3 große, rote Paprika
2–3 große, grüne Paprika
250 g Champignons
Öl
Saft von 1/2 Zitrone
3 dl gekochter Reis
2 Eigelb
2 Birnen
1 TL Basilikum
1 EL gehackte Petersilie
1 TL Kümmel
Salz
Pfeffer
4 EL geriebener Parmesan
1 1/2 dl Gemüsebrühe
4 Tomaten

Paprika der Länge nach durchschneiden, Kerne entfernen und genau 2 Minuten in kochendes Wasser geben. Herausnehmen und abtropfen lassen.
Champignons in Scheiben schneiden und in Öl anschwitzen. Zitronensaft dazugeben.
Den gekochten Reis mit dem Eigelb, den in Würfel geschnittenen Birnen, den angebratenen Champignons, den Gewürzen und dem Parmesan mischen. Die halbierten Paprika reichlich mit

dieser Mischung füllen. Gemüsebrühe in eine feuerfeste Form gießen, Tomaten klein schneiden und mit der Brühe mischen. Die gefüllten Paprika in die Form geben und das Gericht ca. 30 Minuten bei 200° C im vorgeheizten Ofen garen.

Kartoffelsalat Französisch

750 g Pellkartoffeln
1 säuerlicher Apfel
1 EL französischer Senf
Pfeffer aus der Mühle
1 EL gehackter Kerbel
1 EL Schnittlauchröllchen
1 EL gehackter Estragon
1 EL gehackte Petersilie
3 EL gehackte Kapern
2 EL Olivenöl
½ dl Gemüsebrühe
1 dl Apfelmost

Gekochte Kartoffeln schälen und in Scheiben schneiden. Apfel schälen und würfeln. Alle übrigen Zutaten mischen und Kartoffelscheiben in der Marinade wenden.
Den Kartoffelsalat 2–3 Stunden ziehen lassen.

Walnußsoufflé

150 g Walnüsse
Öl
40 g Butter
40 g Mehl
2 dl Milch
50 g Rohzucker
2 Eier
2 Eiweiß (vom Hauptgericht)

Walnüsse grob hacken und in einer Pfanne in Öl rösten.
Nicht anbrennen lassen!
Mit gut der Hälfte der Butter, dem Mehl und kochender Milch eine Mehlschwitze bereiten. Zucker zugeben und schlagen, bis die Sauce kocht, dann vom Herd nehmen. Wenn die Sauce etwas abgekühlt ist, die Eigelb nacheinander einrühren, zusammen mit dem Rest der Butter und den Walnüssen. Eiweiß steif schlagen und unter die abgekühlte Masse ziehen. Soufflé in eine gefettete feuerfeste Form mit geraden Seitenwänden füllen. Die Form darf nur zur Hälfte gefüllt werden, da das Soufflé stark hochsteigt.
30–40 Minuten bei 175° C im vorgeheizten Ofen backen und sofort servieren.

100 g Paprika enthalten
E: 1,2 g F: 0,3 g KH: 4,7 g
Energie: 23 kcal/94 kJ
Vitamin C: 139 mg
Tagesbedarf: 75 mg

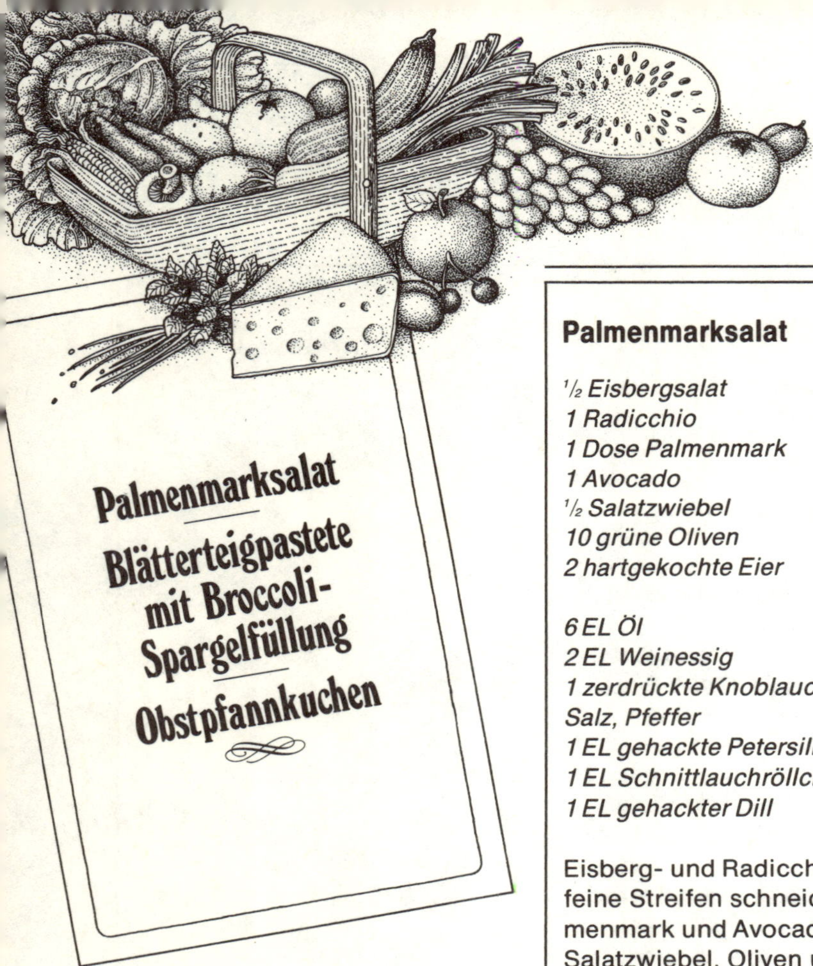

Palmenmarksalat

½ Eisbergsalat
1 Radicchio
1 Dose Palmenmark
1 Avocado
½ Salatzwiebel
10 grüne Oliven
2 hartgekochte Eier

6 EL Öl
2 EL Weinessig
1 zerdrückte Knoblauchzehe
Salz, Pfeffer
1 EL gehackte Petersilie
1 EL Schnittlauchröllchen
1 EL gehackter Dill

Eisberg- und Radicchiosalat in feine Streifen schneiden. Palmenmark und Avocado würfeln. Salatzwiebel, Oliven und Eier in Scheiben schneiden und alles miteinander vermischen.
Eine Marinade aus Öl, Essig, Gewürzen und Kräutern anrühren und unmittelbar vor dem Servieren über den Salat geben.

Palmenmark, auch Palmenherzen oder Palmitos genannt, ist das Mark aus den Spitzenschößlingen einiger Palmenarten.

Blätterteigpastete mit Broccoli-Spargelfüllung

1 Paket tiefgefrorener Blätterteig
getrocknete Erbsen
Öl

<u>Broccoli-Spargelfüllung</u>
1 kg Broccoli
1 Knoblauchzehe
40 g Butter
4 EL Mehl
2 dl Gemüsebrühe
ca. 2 dl Milch
Salz, Pfeffer, Oregano
1 kleine Dose Spargel (ca. 250 g)
1 Bund Petersilie

Teig auftauen und ca. ½ cm dick ausrollen. Zwei runde Böden in der Größe einer Springform ausstechen, den einen als Boden, den anderen als Deckel verwenden. Aus dem Teigrest ca. 2 cm breite Streifen schneiden, schichtweise an die Kante des einen Bodens legen, so daß ein Rand entsteht.
Teig ca. ¾ Stunde ruhen lassen. Danach Boden mit einer Gabel mehrmals einstechen, mit Folie auslegen und mit getrockneten Erbsen füllen. Den Teigdeckel

evtl. mit restlichem Teig garnieren.
Die Pastete ca. 30 Minuten bei 215° C im vorgeheizten Ofen bakken. Folie entfernen und Erbsen zur späteren Verwendung aufheben. Broccoli in Wasser mit der zerdrückten Knoblauchzehe kochen. Aus Butter, Mehl, Milch und Gemüsebrühe eine Mehlschwitze bereiten, mit Salz, Pfeffer und Oregano abschmecken. Wenn der Broccoli fast gar ist, in kleine Stücke schneiden und zusammen mit dem Spargel in die Sauce geben. Gut durchwärmen. Das Gemüse in die gebackene Form gießen, mit gehackter Petersilie bestreuen; den Teigdekkel auflegen.

Abwandlung
Diese Blätterteigpastete kann man auch mit einem Gemüseragout aus 2–3 Kohlrabi, 6–10 Mairübchen und 500 g feinen grünen Bohnen füllen. Man bereitet wie angegeben eine Mehlschwitze zu, die man mit Muskatnuß, Salz und Pfeffer abschmeckt. Dann rührt man das vorgegarte Gemüse in diese Sauce und füllt die Masse in die Pastete.

Obstpfannkuchen

50 g Mehl
2 Eier
1 TL Rohzucker
1 dl Milch
1 dl helles Bier
25 g Butter
5 Makronen
2 EL gehackte Mandeln

2–3 Bananen
Butter
Saft von 1 Orange

Aus Mehl, Eiern, Zucker, Milch und Bier einen Teig rühren. Butter zerlassen und zugeben. Makronen zerdrücken und zusammen mit den gehackten Mandeln in den Teig geben. Sofort ganz dünne Pfannkuchen backen. Bananen vierteln, in etwas Butter bräunen, in die Pfannkuchen einrollen und mit Orangensaft beträufeln.

100 g Broccoli enthalten
E: 3,5 g F: 0,2 g KH: 4,4 g
Energie: 25 kcal/106 kJ
Vitamin C: 114 mg
Tagesbedarf: 75 mg

Überbackener Spargel

500 g grüner Spargel
Salz
Rohzucker
25 g Butter
2 Tomaten
1 Knoblauchzehe
Majoran
Thymian
2 EL Olivenöl
50 g geriebener Parmesan

Spargel nicht schälen, nur am unteren Ende ein Stück abschneiden und in leicht gesalzenem Wasser mit einer Prise Zukker ca. 10 Minuten kochen. Abtropfen lassen und mit zerlassener Butter in eine feuerfeste Form geben. Tomaten in Scheiben schneiden und auf dem Spargel verteilen. Knoblauchzehe zerdrücken (evtl. auspressen und nur den Saft verwenden) und auf die Tomatenscheiben legen. Etwas Majoran und einige Teelöffel Thymian darüberstreuen. Olivenöl daraufträufeln und mit Parmesan bestreuen. Das Gericht bei 200° C im vorgeheizten Ofen ca. 15 Minuten gratinieren und sofort servieren.

Avocadomousse

3 Avocados
Saft von ½ Zitrone
1 TL Worcestersauce
Salz
2 TL Agar-Agar
2 dl Gemüsebrühe
1½ dl Dickmilch
1 dl Sahne
2 Eiweiß

Salatblätter
300 g Erbsen
3 hartgekochte Eier
3 Tomaten
Brunnenkresse

Avocados halbieren, Fleisch herausnehmen. Mit dem Zitronensaft pürieren, mit Worcestersauce und Salz abschmecken. Agar-Agar in der Gemüsebrühe aufkochen lassen. Nach leichtem Abkühlen Avocadopüree und Dickmilch einrühren. Kalt stellen. Sahne und Eiweiß steif schlagen und jeweils für sich unter das Püree ziehen. Mousse in eine mit Öl bestrichene Kranzform füllen und einige Stunden in den Kühlschrank stellen.
Zum Servieren auf eine mit Salat-

blättern bedeckte Platte stürzen. Erbsen kurz aufkochen lassen und in die Mitte des Kranzes geben. Eier und Tomaten achteln und abwechselnd außen herumlegen. Mit Brunnenkresse bestreuen.
Evtl. können dazu Joghurt, Crème fraîche oder saure Sahne mit Knoblauch abgeschmeckt, sowie Gesundheitsstangenbrote serviert werden.

Obstsalat

2 Bananen
2 Kiwis
1 Dose Mandarinen
1 Dose Feigen
1 dl Orangensaft
50 g Mandeln
2 dl Crème fraîche oder saure Sahne

Bananen in Scheiben schneiden, Kiwis schälen und in Würfel schneiden. Beides mit Mandarinen und Feigen mischen. Orangensaft über die Früchte gießen und sie mit gehackten Mandeln bestreuen.
Dazu Crème fraîche servieren.

Gesundheitsstangenbrote

100 g Leinsamen
3 dl Magermilch
3 dl Dickmilch
2½ EL Öl
50 g Hefe
1 dl zerdrückte Weizenkörner
100 g Sesamsamen
2 EL Sojamehl
2 TL Salz
ca. 800 g Weizenmehl
1 Ei

Leinsamen über Nacht einweichen. Milch, Dickmilch und Öl anwärmen, bis sie handwarm sind. Hefe darin auflösen und die zerdrückten Weizenkörner zusammen mit Sesamsamen und eingeweichtem Leinsamen zugeben. Sojamehl und Salz untermischen. Weizenmehl nach und nach einkneten. Gut durcharbeiten und an einem warmen Ort 1 Stunde gehen lassen. Teig mehrmals auf den Tisch fallen lassen und wieder durchkneten. Lange Stangenbrote formen, einritzen und mit verquirltem Ei bepinseln. Die Stangenbrote ca. 40 Minuten bei 225° C im vorgeheizten Ofen backen.

100 g Brunnenkresse enthalten
E: 1,6 g F: 0,3 g KH: 2,9 g
Energie: 17 kcal/70 kJ
Vitamin C: 51 mg
Tagesbedarf: 75 mg

Paprikaschiffchen mit Kartoffelbrei

2 grüne Paprika
2 dl Kartoffelbrei
1 Ei
50 g geriebener Cheddar Käse
4 EL gehackte Petersilie
½ TL Paprika
1 EL Weizenkeime
Salz

Paprika der Länge nach halbieren, ca. 2 Minuten kochen und gut abtropfen lassen. Kartoffelbrei mit verquirltem Ei, geriebenem Käse, gehackter Petersilie, Paprika und Weizenkeimen verrühren und mit Salz abschmekken. Die Paprikahälften in eine gefettete Form geben. Den Kartoffelbrei einfüllen und ca. 20 Minuten bei 200° C im vorgeheizten Ofen gratinieren.

Abwandlung
Die Paprikaschoten können auch mit der Champignon-Nußfüllung von Seite 78 gefüllt werden.

Italienische Lasagne

4 Möhren
4 Zucchini
4 Stangensellerie
2 Zwiebeln
250 g Champignons
Öl
1 Dose Tomaten
2–3 Knoblauchzehen
1 TL Basilikum

30 g Butter
4 EL Mehl
ca. 4 dl Milch
ca. 1 dl Sahne
Salz
Pfeffer
geriebene Muskatnuß
100 g geriebener Parmesan
ca. 20 grüne Lasagneblätter (kleine)

Das Gemüse hacken oder fein schneiden und mit Öl anschwitzen. Tomaten, zerdrückte Knoblauchzehen und Basilikum dazugeben. Etwas Tomatensaft zugießen und 5–10 Minuten leise gar kochen, bis die Flüssigkeit verdampft ist.
Aus Butter, Mehl, Milch und Sahne eine dickflüssige Sauce

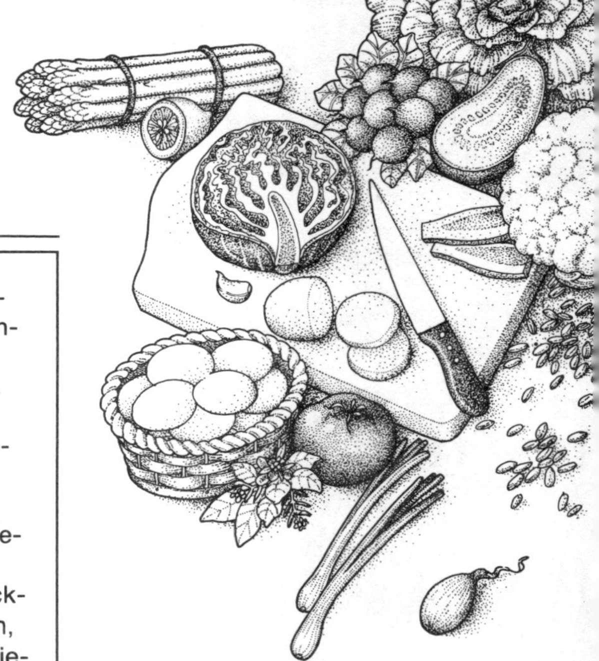

bereiten und mit Salz, Pfeffer und Muskatnuß abschmecken. Die Hälfte des Käses zugeben und die Sauce gut durchkochen. In eine große feuerfeste Form zuerst eine Lage Sauce einfüllen, danach Lasagneblätter (auf der Packung nachsehen, ob sie zuerst gekocht werden müssen) und dann eine Lage Gemüse. Insgesamt müssen es 3–4 Lagen sein, die von der Sauce bedeckt werden.
Den restlichen geriebenen Käse darüberstreuen und Lasagne bei 200° C im vorgeheizten Ofen ca. 30 Minuten gratinieren.
Dazu Salat servieren.

Goldener Fruchtrand mit Käsecreme

1 Dose Ananasstücke
Saft von 1 Zitrone und 2 Orangen
2 TL Agar-Agar
2 Äpfel
2 EL Rosinen

Käsecreme
200 g Schmelzkäse (30%)
1½ dl Sahne
2 EL gehackte Mandeln

Ananas abtropfen lassen. Ananassaft mit Zitronen- und Orangensaft mischen (insgesamt müssen sich 5 dl ergeben, evtl. etwas Orangensaft zusetzen).
Agar-Agar im Fruchtsaft aufkochen lassen. Wenn das Gelee steif wird, die Hälfte davon in eine ausgespülte Randform gießen. Die geschälten, kleingeschnittenen Äpfel, Ananasstückchen und Rosinen darauflegen, den Rest des Gelees darübergießen und einige Stunden in den Kühlschrank stellen.
Schmelzkäse cremig rühren. Sahne steif schlagen und unter den Käse mischen. Die geschälten, gehackten Mandeln rösten und darüberstreuen.
Zum Servieren wird der Fruchtrand auf eine Platte gestürzt und die Käsecreme in die Mitte gegeben.

100 g Zucchini enthalten
E: 1,6 g F: 0,4 g KH: 5,1 g
Energie: 25 kcal/107 kJ
Vitamin B_1: 0,5 mg
Tagesbedarf: 1,4–1,6 mg

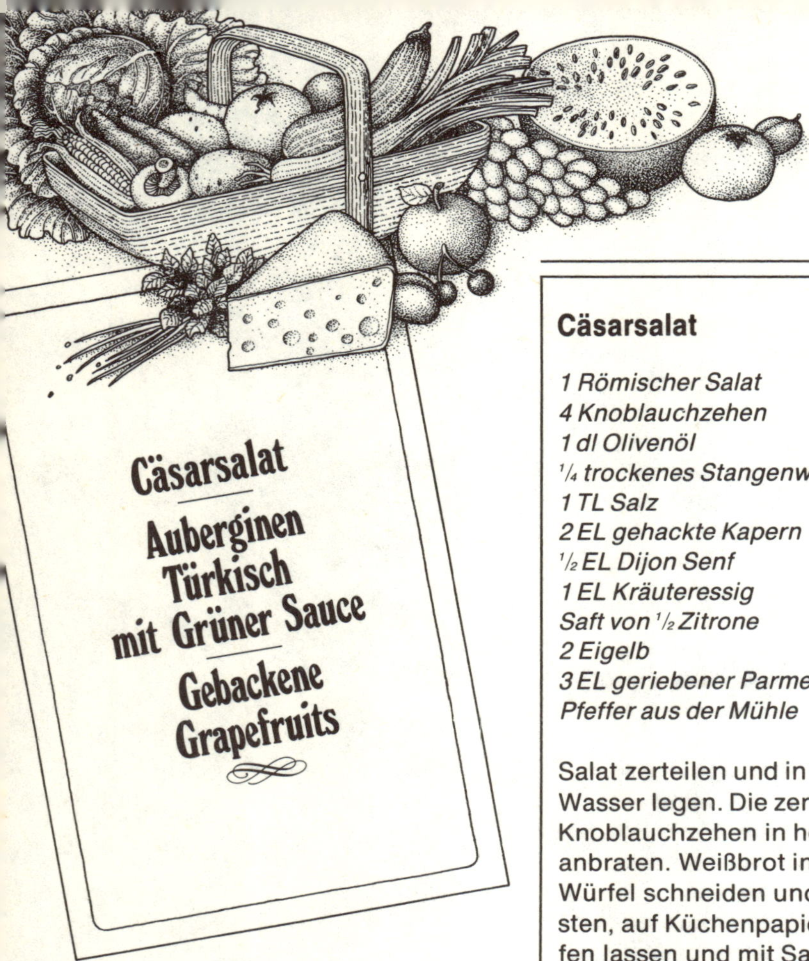

Cäsarsalat

1 Römischer Salat
4 Knoblauchzehen
1 dl Olivenöl
1/4 trockenes Stangenweißbrot
1 TL Salz
2 EL gehackte Kapern
1/2 EL Dijon Senf
1 EL Kräuteressig
Saft von 1/2 Zitrone
2 Eigelb
3 EL geriebener Parmesan
Pfeffer aus der Mühle

Salat zerteilen und in eiskaltes Wasser legen. Die zerdrückten Knoblauchzehen in heißem Öl anbraten. Weißbrot in kleine Würfel schneiden und im Öl rösten, auf Küchenpapier abtropfen lassen und mit Salz bestreuen. Rest des Öls abkühlen lassen und mit den übrigen Zutaten, außer dem Pfeffer, vermischen. Salat aus dem Wasser nehmen, gut abtropfen lassen, in Streifen schneiden und in einer Salatschüssel anrichten. Kurz vor dem Servieren die Brotwürfel zugeben, die Marinade darübergießen und gut durchmischen. Mit Pfeffer abschmecken.

Auberginen Türkisch

4 große Auberginen
2 Zwiebeln
2 Tomaten
Öl
Basilikum
1 Bund Petersilie
1 Ei
250 g körniger Frischkäse
4 EL geriebener Cheddar Käse
Salz, Pfeffer
3 EL Olivenöl

Auberginen ca. 5 Minuten in kochendes Wasser geben. Etwas abkühlen lassen, halbieren und das Fruchtfleisch mit einem Löffel entfernen, einen schmalen Rand stehen lassen. Auberginenfleisch, Zwiebeln und Tomaten hacken und in Öl anschwitzen. Basilikum und gehackte Petersilie zugeben. Das Ei verquirlen und mit Frischkäse und geriebenem Käse vermischen. Das Gemüse zugeben, mit Salz und Pfeffer abschmecken. Die Masse in die Auberginen füllen und diese in eine gefettete feuerfeste Form geben. Evtl. übrig gebliebene Füllung kann zwischen die Auberginen verteilt werden.

Mit Olivenöl beträufeln und restlichen geriebenen Käse darüberstreuen. Ca. 50 Minuten bei 180° C im vorgeheizten Ofen backen.
Mit Gesundheitsstangenbroten (siehe Seite 39) und Grüner Sauce servieren.

Grüne Sauce

3 dl Dickmilch
½ dl fettarme Mayonnaise
2 EL gehackter Spinat
2 EL gehackter Kerbel
1 EL Schnittlauchröllchen
1 EL gehackte Petersilie
geriebene Muskatnuß
Salz
Pfeffer

Dickmilch, Mayonnaise, Spinat, Kerbel, Schnittlauch und Petersilie verrühren. Mit Muskatnuß, Salz und Pfeffer abschmecken.

Abwandlung
Diese Grüne Sauce kann man durch die Auswahl der verwendeten Kräuter vielfältig variieren und zu den unterschiedlichsten Gerichten reichen.

Gebackene Grapefruits

Foto Seite 119

2 Grapefruits
4 EL Rosinen
8 Makronen
2 Eiweiß (vom Cäsarsalat)
2 EL Rohzucker
2 EL blättrig geschnittene Mandeln

Die Grapefruits quer durchschneiden, Fleisch vorsichtig herauslösen, alle weißen Häutchen entfernen und in kleine Stücke schneiden. Fruchtfleisch mit Rosinen und zerdrückten Makronen mischen und in die Grapefruitschalen füllen.
Eiweiß sehr steif schlagen, Zukker daruntermischen und die Meringenmasse auf die Grapefruits setzen. Mit Mandeln bestreuen und die Früchte bei 200° C im vorgeheizten Ofen backen, bis die Oberfläche golden wird (ca. 5–10 Minuten).

100 g Grapefruit enthalten
E: 0,6 g F: 0,2 g KH: 9,5 g
Energie: 37 kcal/157 kJ
Vitamin C: 44 mg
Tagesbedarf: 75 mg

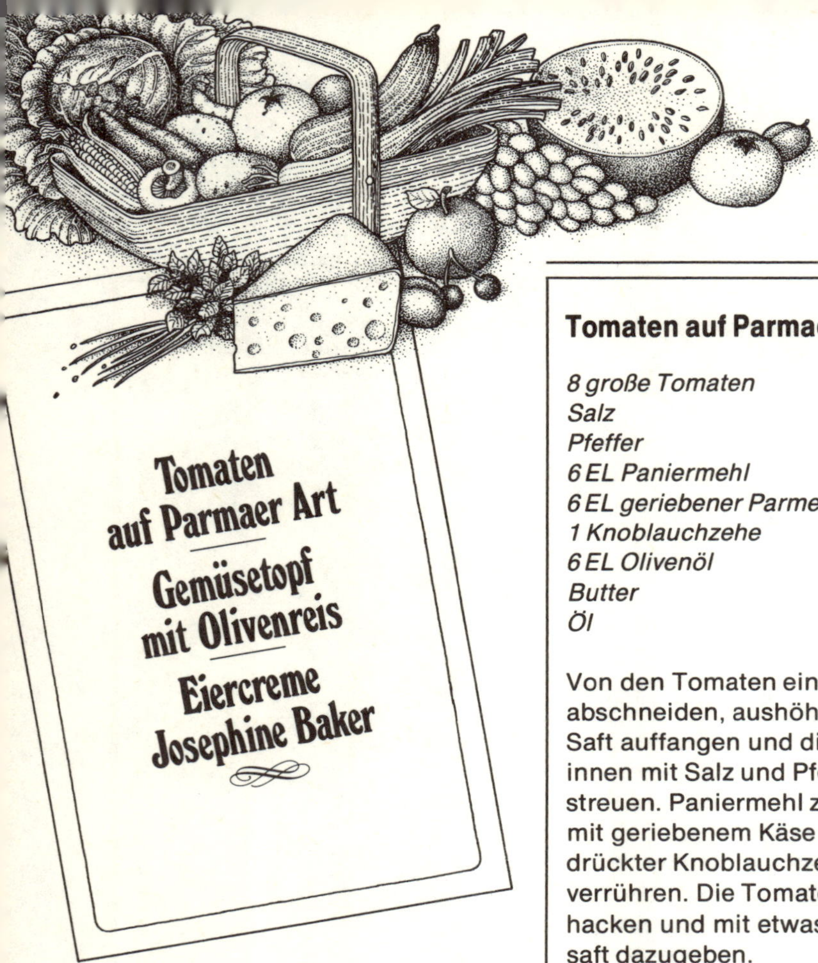

Tomaten auf Parmaer Art

8 große Tomaten
Salz
Pfeffer
6 EL Paniermehl
6 EL geriebener Parmesan
1 Knoblauchzehe
6 EL Olivenöl
Butter
Öl

Von den Tomaten einen Deckel abschneiden, aushöhlen, den Saft auffangen und die Tomaten innen mit Salz und Pfeffer bestreuen. Paniermehl zusammen mit geriebenem Käse und zerdrückter Knoblauchzehe im Öl verrühren. Die Tomatendeckel hacken und mit etwas Tomatensaft dazugeben.
Tomaten mit der Mischung füllen und jede mit einem Butterflöckchen belegen. Die gefüllten Tomaten dicht nebeneinander in eine gefettete feuerfeste Form geben und mit Öl beträufeln.
Ca. 15 Minuten bei 200° C im vorgeheizten Ofen gratinieren.
Dazu serviert man Gesundheitsstangenbrote (siehe Seite 39) und evtl. grünen Salat mit Walnußöl.

Gemüsetopf

2 Zwiebeln
2 Knoblauchzehen
4 EL Öl
1 TL Koriander
½ TL Kardamom
1 TL Curry
1 TL Kümmel
½ TL Kurkuma
1 TL Ingwer
1 Prise Chilli
3 Nelken
½ TL Zimt
3 EL Kokosraspel
1 EL chinesische Sojasauce
3 dl Wasser
1 Aubergine
1 Petersilienwurzel
2 Möhren
3 Kartoffeln
1 grüner Paprika
1 roter Paprika
1 Mairübe
250 g grüne Bohnen
Salz

Zwiebeln hacken und zusammen mit den zerdrückten Knoblauchzehen in Öl anbraten. Alle Gewürze und die Kokosraspel zufügen und einige Minuten anschwitzen. Chinesische Sojasauce und Wasser zugeben. Aubergine, Petersilienwurzel, Möhren, Kartoffeln, Paprika und Mairübe in Würfel, Bohnen in kleine Stücke schneiden und zu den gewürzten Zwiebeln geben. Das Gericht ca. 45 Minuten zugedeckt schmoren lassen, mit Salz abschmecken. Vor dem Servieren die Nelken aus dem Gemüsetopf entfernen.

Olivenreis

2 dl Reis
Salz
1 TL Kurkuma
1 Knoblauchzehe
15 schwarze Oliven
100 g Erbsen
4 EL gehackter Kerbel
4 EL Olivenöl
2 EL Weinessig

Reis mit Salz, Kurkuma und der zerdrückten Knoblauchzehe kochen. Fünf Minuten bevor er gar ist, Oliven, Erbsen und Kerbel dazugeben.
Eine Marinade aus Öl und Essig anrühren und kurz vor dem Anrichten über den Reis gießen.

Eiercreme Josephine Baker

3 Eier
3 EL Rohzucker
4 EL Mehl
2¹/₄ dl Kaffeesahne
5 EL Kirschsaft
3 Bananen
2 dl Sahne

Eier mit Zucker verquirlen. Mehl mit etwas Kaffeesahne anrühren. Den Rest der Kaffeesahne zugeben und zusammen mit dem Kirschsaft unter die Eimasse mischen. Bananen in Scheiben schneiden und in der Eimasse mehrmals wenden. Die Eiercreme ca. 20–30 Minuten bei 175° C im vorgeheizten Ofen garen und dann mit geschlagener Sahne servieren.

100 g Bananen enthalten
E: 1,2 g F: 0,2 g KH: 23,3 g
Energie: 89 kcal/373 kJ
Vitamin B_6: 0,37 mg
Tagesbedarf: 1,6–1,8 mg

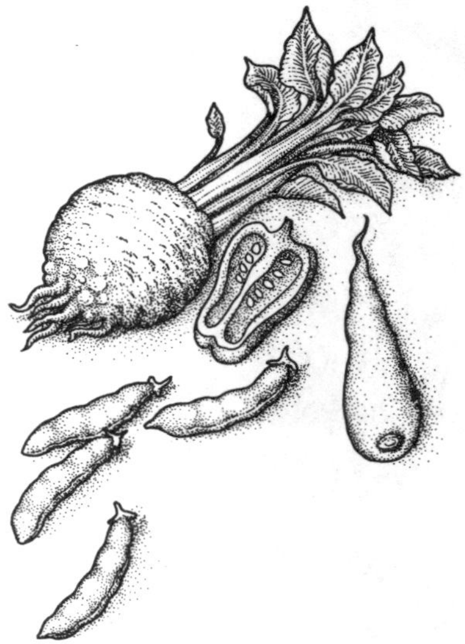

Sommersuppe Bulgarisch

1 Fenchelknolle
½ Gurke
1 grüner Paprika
1 Bund Schnittlauch
1 Bund Dill
Saft von 2 Zitronen
4 hartgekochte Eier
½ l Joghurt
2 dl Kaffeesahne
Knoblauchsalz
2 TL Senf
ca. 8 Eiswürfel
2 dl Mineralwasser

Fenchel, Gurke und Paprika sehr klein würfeln, Schnittlauch und Dill fein schneiden. Alles zusammen in eine Schüssel geben und mit Zitronensaft übergießen.
Ca. 1 Stunde ziehen lassen.
Eier hacken und zugeben. Joghurt, Kaffeesahne, Knoblauchsalz und Senf verrühren und über das Gemüse gießen. Gut durchmischen und kurz vor dem Anrichten Eiswürfel und Mineralwasser zugeben.
Bei kalten Suppen ist es wichtig, die Suppen einige Zeit ziehen zu lassen, damit sie ihr volles Aroma entwickeln können.

Pastete mit gebackenem Blumenkohl

2–3 gekochte Möhren
2–3 gekochte Kartoffeln
200 g Erbsen
½ gekochte Sellerieknolle
ca. 1 dl Weizenkeime
Basilikum
Oregano
Salz
Pfeffer
1–2 Eier
1 kleiner Blumenkohl

200 g Weizenmehl
100 g Weizen-Vollkornmehl
160 g Butter
5 EL Wasser
Salz
Öl

Gemüse in der Küchenmaschine zerkleinern und mit Weizenkeimen, Gewürzen und Eiern verrühren. Die Masse darf nicht zu mild sein.
Blumenkohl fast gar kochen und gut abtropfen lassen.
Die beiden Mehlsorten mit Butter, Wasser und Salz zusammenkneten und den Teig vor dem Ausrollen mindestens 1 Stunde

kalt stellen. In eine Springform geben, an den Seiten einen Rand hochziehen und einen Deckel in gleicher Größe wie der Boden ausschneiden.
Die Hälfte der Gemüsefüllung hineingeben, dann den Blumenkohl, und dann mit dem Rest des Gemüses auffüllen. Teigdeckel auflegen und seitlich gut mit dem Rand verbinden.
Mit Öl bestreichen, Deckel mehrfach mit einer Gabel anstechen und die Pastete ca. 45 Minuten bei 200° C im vorgeheizten Ofen backen. Für die letzten 15 Minuten den Rand der Springform entfernen, damit auch die Seiten hellbraun backen können.
Dazu grünen Salat servieren.

Kräutersauce

3 dl Dickmilch
1 dl Crème fraîche oder saure Sahne, Salz, Pfeffer

Gehackte Kräuter
Dill
Kresse
Petersilie
Schnittlauch

Alle Zutaten gut miteinander verrühren und abschmecken.

Käserand

100 g Schmelzkäse (30%)
100 g Danablue Käse
50 g Butter
1½ TL Agar-Agar
2 dl Sahne
Radieschen
einige Stangensellerie

Käsesorten und Butter anwärmen und glattrühren. Agar-Agar in Wasser aufkochen und zugeben. Wenn die Käsemasse fest wird, die steifgeschlagene Sahne unterziehen und in eine ausgespülte Randform gießen. Kalt stellen bis die Masse ganz fest ist, dann zum Anrichten auf eine Platte stürzen. In der Mitte mit Radieschen und Stangensellerie garnieren.

100 g Radieschen enthalten
E: 1,1 g F: 0,1 g KH: 3,5 g
Energie: 18 kcal/73 kJ
Vitamin C: 29 mg
Tagesbedarf: 75 mg

Curryeier

4 Salatblätter
4 Scheiben Ananas
4 hartgekochte Eier
1 kleiner Apfel
1 dl fettarme Mayonnaise
1 EL Rosinen
1 TL Curry
Salz
1 Zwiebel
Öl

Salatblätter auf 4 Teller verteilen, darauf die Ananasringe legen und die gekochten, geschälten Eier in die Mitte setzen.
Apfel in die Mayonnaise reiben, Rosinen hacken und zugeben. Mit Curry und Salz abschmecken und die Sauce über die Eier gießen.
Zwiebel schneiden und in Öl anbräunen. Die Curryeier mit den goldbraunen Zwiebelringen garnieren.

Rohkostplatte mit Knoblauchsauce Griechisch

400 g körniger Frischkäse
250 g frische Bohnenkeime
4 Möhren
3–4 süße Äpfel
Saft von 1/2 Orange
2 Rote Beten
4 Stangensellerie (mit Blättern)
2 Avocados
Zitronensaft
2 grüne Paprika
250 g Emmentaler
4 Tomaten
100 g Oliven

Knoblauchsauce
2 dl fettarme Mayonnaise
3 dl Crème fraîche oder saure Sahne
2 Knoblauchzehen
Saft von 1 Zitrone
50 g Mandeln
1 dl zerbröseltes, trockenes Stangenweißbrot
2 EL gehackte Petersilie
Salz
Pfeffer

Frischkäse in die Mitte einer großen Platte geben, die übrigen Zutaten außen herum anrichten:

Möhren und Äpfel reiben und sofort mit dem Orangensaft vermischen. Rote Beten ebenfalls reiben. Sellerie ganz servieren oder in feine Streifen schneiden. Avocados halbieren und Kerne entfernen. Mit etwas Zitronensaft beträufeln. Paprika in Streifen, den Emmentaler in Stäbchen und die Tomaten in Scheiben schneiden.
Für die Sauce Mayonnaise mit Crème fraîche oder saurer Sahne verrühren, Knoblauchzehen zerdrücken und mit dem Zitronensaft zugeben. Mandeln mahlen und zusammen mit den Brotbröseln und der gehackten Petersilie in die Sauce geben. Mit Salz und Pfeffer abschmecken.
Dazu kann man Sesam- und Walnußbrötchen (siehe Seite 130) servieren.

Mandarinengelee

15 Mandarinen
2 EL Rohzucker
1½ TL Agar-Agar
2 EL Zitronensaft
1½ dl Sahne
1 EL gehackte Pistazien

Den Saft von 10 Mandarinen auspressen, Zucker und Agar-Agar zugeben. Saft kurz aufkochen lassen, mit Zitronensaft verrühren und das Gelee in 4 Portionsschalen füllen.
Die restlichen Mandarinen schälen und teilen. Wenn das Gelee steif ist, Mandarinen kranzförmig am Rand der Portionsschalen verteilen. Sahne steif schlagen und in die Mitte des Desserts spritzen. Mit Pistazien garnieren.

100 g Knoblauch enthalten
E: 6,1 g F: 0,1 g KH: 27,5 g
Energie: 114 kcal/477 kJ
Vitamin B_1: 0,2 mg
Tagesbedarf: 1,4–1,6 mg

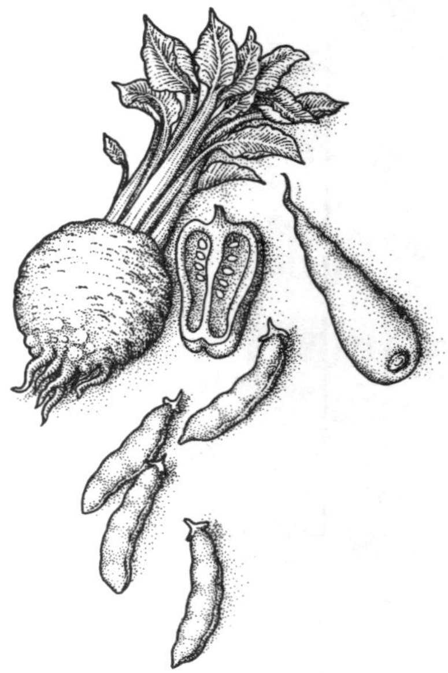

Bohnen Französisch

250 g feine grüne Bohnen
Salz
Pfeffer
3 EL Olivenöl
2 EL Kapern
1 Knoblauchzehe
1 kleine Zwiebel
1 Bund Petersilie

Bohnen in Wasser mit Salz und Pfeffer fast weich kochen. Olivenöl erhitzen und die gehackten Kapern, die zerdrückte Knoblauchzehe und die abgetropften Bohnen zugeben. Gut durchmischen.
Bohnen portionsweise mit feingehackter Zwiebel und gehackter Petersilie anrichten.
Dazu serviert man Stangenweißbrot.

Auberginen Provenzalisch

4 Auberginen
Öl
1 große Dose Tomaten
2 Knoblauchzehen
2 TL Basilikum
Salz
Pfeffer
2 Zitronen
schwarze Oliven

Auberginen in 1 cm dicke Scheiben schneiden und 1/2 Stunde in Salzwasser legen. Herausnehmen und Wasser auspressen, ehe man sie auf beiden Seiten in Öl bräunt. Darauf achten, daß sie ganz durchgebraten werden.
Tomaten in kleine Stücke schneiden und zusammen einkochen lassen. Die zerdrückten Knoblauchzehen, Basilikum, Salz und Pfeffer dazugeben.
1 Eßlöffel dieser Sauce auf jede der Auberginenscheiben geben, die inzwischen im Ofen warm gehalten werden.
Jeweils mit einer dünnen Zitronenscheibe und einer schwarzen Olive garnieren.

Spinatlasagne (siehe Seite 94)

Kartoffeltopf Feinschmeckerart

750 g Kartoffeln
250 g Champignons
Öl
Zitronensaft
50 g Butter
Salz, Pfeffer aus der Mühle

Kartoffeln schälen und in dünne Scheiben schneiden. Champignons in Scheiben schneiden und in Öl anbraten. Etwas Zitronensaft zugeben. Eine feuerfeste Form mit Backpapier auslegen. Darauf eine Lage Kartoffeln geben, mit zerlassener Butter beträufeln und mit Salz und Pfeffer bestreuen. Darüber kommt eine Lage Champignons und dann wieder eine Lage Kartoffeln, usw. Die Kartoffeln gut zusammendrücken und einen Deckel auf die Form legen. Das Gericht ca. 1 Stunde bei 200° C im vorgeheizten Ofen backen. Nach ca. ½ Stunde nachsehen, ob die Kartoffeln eingetrocknet sind und sie evtl. mit zerlassener Butter beträufeln.
Zum Servieren die Kartoffeln vorsichtig aus der Form stürzen.

Melonenringe mit Parfait

Parfait
2 Eigelb
1 Eiweiß
1 EL Rohzucker
Vanille
2 dl Sahne

1 kleine Honigmelone
2 EL gehackte Walnüsse

Eigelb und Eiweiß mit Zucker und Vanille schaumig schlagen. Sahne steif schlagen und unter die Eimasse ziehen. Die Creme in eine Schüssel gießen und am Tag vor der Verwendung einfrieren.
Die Melone schälen, quer in 4 Scheiben schneiden und Kerne entfernen.
Die Melonenringe portionsweise anrichten und das Parfait in die Mitte häufen. Mit gehackten Walnüssen bestreuen.

100 g Honigmelone enthalten
E: 0,9 g F: 0,1 g KH: 12 g
Energie: 47 kcal/197 kJ
Vitamin C: 32 mg
Tagesbedarf: 75 mg

Gemüserand mit Selleriesalat

Zwiebelpastete mit Kartoffelauflauf Spanisch

Bananen mit Himbeerpüree

Gemüserand mit Selleriesalat

2 TL Agar-Agar
4 dl Tomatensaft
100 g Schmelzkäse (30%)
1 kleine Zwiebel
2 Stangensellerie
1 grüner Paprika

Selleriesalat
1 Apfel
¼ Sellerieknolle
2 dl Crème fraîche oder saure Sahne
Salz

½ Kopfsalat

Agar-Agar mit Tomatensaft kurz aufkochen. Topf vom Herd nehmen und Schmelzkäse einrühren. Zwiebel, Stangensellerie und Paprika fein hacken und in den Saft geben. Den Saft rühren bis er steif zu werden beginnt, dann in eine ausgespülte Randform gießen. Einige Stunden in den Kühlschrank stellen.
Apfel und Sellerieknolle fein reiben und sofort mit Crème fraîche verrühren, um eine Verfärbung zu verhindern. Mit Salz abschmecken.
Zum Servieren den Gemüserand auf eine mit Salatblättern bedeckte Platte stürzen und den Selleriesalat in der Mitte anrichten.

Zwiebelpastete

400 g Zwiebeln
1 dl Öl
2 Äpfel
1¾ dl Milch
1 dl feines Granola
(siehe Seite 10)
1 dl Weizen-Vollkornmehl
1½ TL Piment
Salz
5 Eier
Fett für die Form

Zwiebeln hacken und in Öl bräunen. Äpfel reiben und zusammen mit Milch, Granola, Weizen-Vollkornmehl, zerdrücktem Piment und Salz zugeben. Gut durchkochen lassen und den Topf vom Herd nehmen. Eier nacheinander hineinschlagen. Die Pastete in eine gefettete feuerfeste Back- oder Pastetenform geben und ca. 1 Stunde bei 175° C im vorgeheizten Ofen backen.

Kartoffelauflauf Spanisch

750 g Kartoffeln
1 Knoblauchzehe
Butter
50 g grüne Oliven
200 g Magerquark
2 Eier
Salz
Pfeffer
100 g geriebener Emmentaler
evtl. etwas Sahne

Kartoffeln weich kochen und in Scheiben schneiden. Eine feuerfeste Form mit Knoblauch ausreiben und gut mit Butter einstreichen. Die Kartoffelscheiben dachziegelartig in die Form legen. Entkernte Oliven in Scheiben schneiden und über die Kartoffeln streuen.
Quark verrühren und Eier nacheinander unterschlagen. Mit Salz und Pfeffer abschmecken. Den geriebenen Käse zugeben; falls die Käsecreme zu dick ist, mit etwas Sahne verdünnen.
Die Creme über die Kartoffeln gießen und mit einem Rest Käse bestreuen. Den Auflauf ca. 20 Minuten bei 200° C im vorgeheizten Ofen gratinieren.

Bananen mit Himbeerpüree

4 Bananen
200 g Himbeeren
1½ dl Sahne

Bananen ca. 20 Minuten bei 200° C in den vorgeheizten Ofen legen, bis die Schale dunkel wird.
Himbeeren pürieren. Sahne steif schlagen und Himbeerpüree unterziehen.
Wenn die Bananen fertig gebraten sind, Schalen entfernen, portionsweise anrichten und mit Himbeerpüree übergießen.

100 g Zwiebeln enthalten
E: 1,3 g F: 0,3 g KH: 9,6 g
Energie: 42 kcal/177 kJ

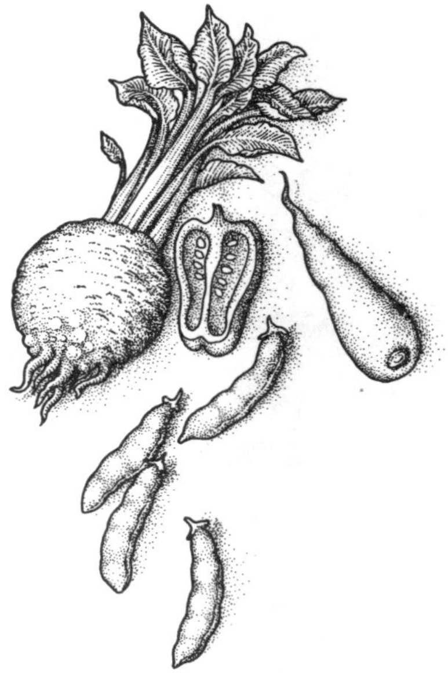

Griechischer Salat
Moussaka
Gebackene Pfirsiche

Griechischer Salat

1 kleiner Kopfsalat
4 Tomaten
¼ Salatgurke
1 grüner Paprika
1 kleine Zwiebel
150 g griechischer Schafskäse
8 schwarze Oliven

6 EL Olivenöl
2 EL Weinessig
Salz, Pfeffer
1 TL Thymian

Kopfsalat zerteilen, Tomaten vierteln, Gurke und Paprika in Würfel schneiden, die Zwiebel hacken. Kopfsalat, Tomatenviertel, Gurken- und Paprikawürfel mit dem in Würfel geschnittenen Schafskäse und den Oliven mischen.
Aus Weinessig und Olivenöl eine Marinade zubereiten und über den Salat gießen. Mit Salz, Pfeffer und Thymian bestreuen.
In einigen Städten gibt es griechische Geschäfte, in denen man Oliven aus dem Faß kaufen kann. Sie schmecken meist besser als die in Gläsern, Dosen oder Plastikbeuteln verpackten.

Moussaka

3 Auberginen
Sojamehl
Öl
2–3 Zucchini
2 Zwiebeln
250 g Champignons
3 Knoblauchzehen
Thymian
1 große Dose Tomaten
Salz
Pfeffer
4 Eier
1 dl Joghurt
½ dl Sahne
1 Bund Petersilie
6 EL geriebener Parmesan
4 EL Tomatenmark

Auberginen in Scheiben schneiden, in Sojamehl wenden und in Öl goldbraun braten. Zucchini, Zwiebeln und Champignons in Stücke schneiden und in Öl anschwitzen. Zerdrückte Knoblauchzehen und Thymian zugeben. Das Gemüse schichtweise mit den Tomaten in eine gefettete feuerfeste Form legen. Die einzelnen Schichten jeweils mit etwas Salz und Pfeffer bestreuen. Eier mit Joghurt, Sahne, gehack-

ter Petersilie, Käse und Tomatenmark verrühren. Die Eimasse über das Gemüse gießen und evtl. mit etwas Käse bestreuen. Moussaka bei 200° C im vorgeheizten Ofen ca. 40 Minuten gratinieren.

Abwandlungen
Statt des geriebenen Parmesan kann ebenso jede andere kräftige Käsesorte z. B. Emmentaler verwendet werden.
Zusätzlich können auch noch Kartoffelscheiben in die Moussaka gegeben werden.

Gebackene Pfirsiche

4 Pfirsiche
1 Birne
1 TL Butter
2 große Makronen
1 Eigelb
Crème fraîche oder saure Sahne

Die ungeschälten Pfirsiche halbieren und entsteinen. Mit einem Löffel etwas Fruchtfleisch herausnehmen und mit der geschälten, kleingeschnittenen Birne pürieren. Butter, die zerdrückten Makronen und Eigelb verrühren und die Füllung in Häufchen auf die halben Pfirsiche setzen.
Pfirsiche in eine gefettete feuerfeste Form geben und ca. 30 Minuten bei 175° C im vorgeheizten Ofen backen.
Lauwarm mit Crème fraîche oder saurer Sahne servieren.

Abwandlung
Statt der 4 Pfirsiche können natürlich auch 4 Nektarinen mit der Makronen-Birnenmasse gefüllt und überbacken werden.

100 g Pfirsiche enthalten
E: 0,8 g F: 0,1 g KH: 10,5 g
Energie: 41 kcal/173 kJ

Fenchelsalat

1 Fenchelknolle
1 Orange
1 Apfel
4 Scheiben Ananas
100 g Emmentaler

4 EL fettarme Mayonnaise
8 EL Crème fraîche oder saure Sahne
3 EL Tomatenmark
Salz
Pfeffer

Fenchel, Früchte und Käse in kleine Würfel schneiden. Mayonnaise mit Crème fraîche und Tomatenmark verrühren, mit Salz und Pfeffer abschmecken. Die Würfel dazugeben und den Salat in Portionsgläsern servieren.

Gesundheitspastete

(6–8 Personen)

200 g ganze Weizenkörner
50 g Sojabohnen
2 Zwiebeln
2 Lorbeerblätter
½ Sellerieknolle
1 Päckchen Soja-Vita
1 Dose Soja-zart
4 Eier
2 dl Sahne
Salz
Pfeffer
2 EL Basilikum

Weizenkörner und Sojabohnen über Nacht einweichen, gut spülen und ca. 1 Stunde zusammen mit den gehackten Zwiebeln, den Lorbeerblättern und der in Stücke geschnittenen Sellerie weich kochen.
In der Zwischenzeit Soja-Vita mit Wasser anrühren und ½ Stunde stehen lassen. Soja-zart auf ein Sieb geben, abtropfen lassen, in kleine Stücke schneiden. Die Brühe aufbewahren.
Wenn die Weizenkörner und das Gemüse weich sind, Lorbeerblätter entfernen und die Masse zusammen mit den Sojaprodukten im Gemüseschneider zerkleinern. Den Pastetenteig mit Eiern, Sahne und Sojabrühe sämig rühren und mit Salz, Pfeffer und Basilikum abschmecken.
Pastete in eine Pastetenform oder eine mit gefetteter Folie ausgelegte Kastenform geben,

damit die Pastete zum Anrichten leicht gestürzt werden kann.
Ca. 1 Stunde bei 200° C im vorgeheizten Ofen backen.
Da die Zubereitung dieser Pastete sehr viel Zeit erfordert, sie sich aber sehr gut einfrieren läßt, wird empfohlen, wie oben angegeben, die für 6 bis 8 Personen berechnete Menge zuzubereiten.

Grünkohl mit glasierten Kartoffeln

500 g tiefgefrorener, gehackter Grünkohl
ca. 4 dl Milch
40 g Butter
5 EL Mehl
Salz
Rohzucker

Glasierte Kartoffeln
750 g kleine Kartoffeln
4 EL Honig
1 EL Butter

Eine Mehlschwitze aus Butter, Mehl und Milch zubereiten. Sie muß ziemlich dick sein, da der Grünkohl in der Sauce aufgetaut wird. Kohl gut durchkochen und mit Salz und Rohzucker abschmecken.
Kartoffeln weich kochen und schälen. Honig zusammen mit der Butter in einer Pfanne zerlassen und die Kartoffeln darin bräunen.

Birnen mit Schokoladensauce

4 Birnen
3 EL Rohzucker
50 g Butter
2 EL Kakao
1 Ei
1 TL Stärkemehl
1 dl Sahne

Birnen schälen, halbieren und weich kochen.
Für die Sauce Zucker, Butter und Kakao in einem Topf verrühren, das Ei zugeben und die Creme bis zum Kochen ununterbrochen rühren. Stärkemehl mit etwas Wasser anrühren und in der Masse verquirlen. Die abgekühlten Birnen in Portionsschalen anrichten, mit der kochenden Schokoladensauce übergießen und mit geschlagener Sahne verzieren.

100 g Grünkohl enthalten
E: 4,3 g F: 0,9 g KH: 5,1 g
Energie: 36 kcal/152 kJ
Vitamin C: 105 mg
Tagesbedarf: 75 mg

Käsesoufflé

Reisrand mit Ratatouille und Joghurtsauce

Apfelmousse

Käsesoufflé

1 EL Mehl
1½ dl Sahne
20 g Butter
Salz
geriebene Muskatnuß
3 Eier
100 g geriebener Emmentaler
25 g geriebener Parmesan

Mehl und Sahne verrühren. Butter in einen Topf geben und zusammen mit der Mehl-Sahnemischung leicht erhitzen. Rühren, bis ein glatter Teig entsteht. Mit Salz und Muskatnuß abschmecken.
Topf vom Herd nehmen und die vorher verquirlten Eigelb nach und nach unterrühren. Den geriebenen Käse zugeben. Eiweiß steif schlagen und vorsichtig unter den Teig ziehen.
Den Teig in eine gefettete feuerfeste Form mit geraden Seitenwänden gießen, wobei die Form nur bis zur Hälfte gefüllt sein darf. Das Soufflé ca. 30–40 Minuten bei 175° C im vorgeheizten Ofen backen und sofort servieren. Während des Backens den Ofen nicht öffnen!

Reisrand mit Ratatouille und Joghurtsauce

3 dl Reis
Salz

Ratatouille
2 Zwiebeln
Öl
4 kleine Zucchini
1 Dose Tomaten
2 Auberginen
2 Paprika
250 g Champignons oder Egerlinge
2 Knoblauchzehen
Salz
Thymian

Joghurtsauce
2 dl Joghurt
1 dl Sahne
Thymian
Salz

Ratatouille ist ein französisches Gemüsegericht, das entweder warm oder kalt zum Reisrand serviert werden kann.
Reis weich kochen und fest in eine Randform drücken. Vor dem Stürzen ca. 10 Minuten stehen lassen.

Zwiebeln in Scheiben schneiden und in Öl anbraten. Wenn sie goldbraun sind, die in Scheiben geschnittenen Zucchini, die kleingeschnittenen Tomaten samt Flüssigkeit sowie die in Würfel geschnittenen Auberginen und Paprika und die ganzen Champignons dazugeben. Knoblauchzehen zerdrücken und mit Salz und Thymian zufügen. Die Gemüsemischung ca. 30 Minuten im zugedeckten Topf schmoren lassen.
Für die Sauce: Joghurt glatt schlagen und mit steifgeschlagener Sahne zu einer Sauce verrühren und mit Thymian und Salz abschmecken.
Ratatouille in die Mitte des Reisrandes geben und mit der Sauce servieren.

Apfelmousse

4–8 Äpfel, je nach Größe
Saft von 1 Zitrone
1 EL Rohzucker
1 TL Agar-Agar
2½ dl Sahne
2 EL Rosinen
kandierte Veilchen

Äpfel schälen, schnitzeln und in wenig Wasser mit Zitronensaft und Zucker weich kochen. In den letzten Minuten Agar-Agar mitkochen. Apfelmus pürieren und wenn es steif wird, 2 dl geschlagene Sahne darunterziehen.
Die Mousse in 4 Portionsschalen anrichten. Mit der restlichen geschlagenen Sahne verzieren und mit gehackten Rosinen und kandierten Veilchen bestreuen.

100 g Äpfel enthalten
E: 0,3 g F: 0,4 g KH: 12,6 g
Energie: 50 kcal/209 kJ

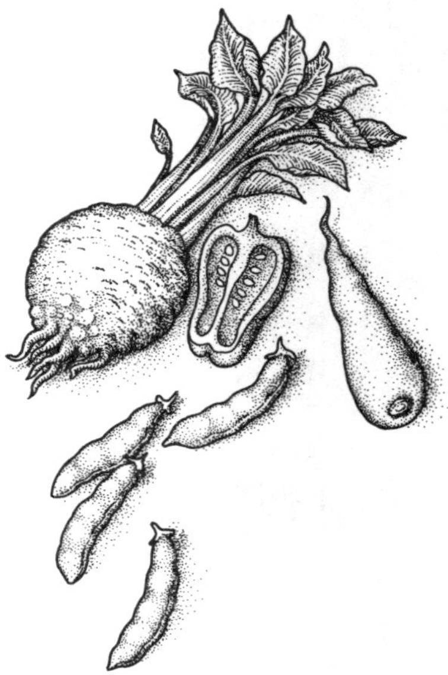

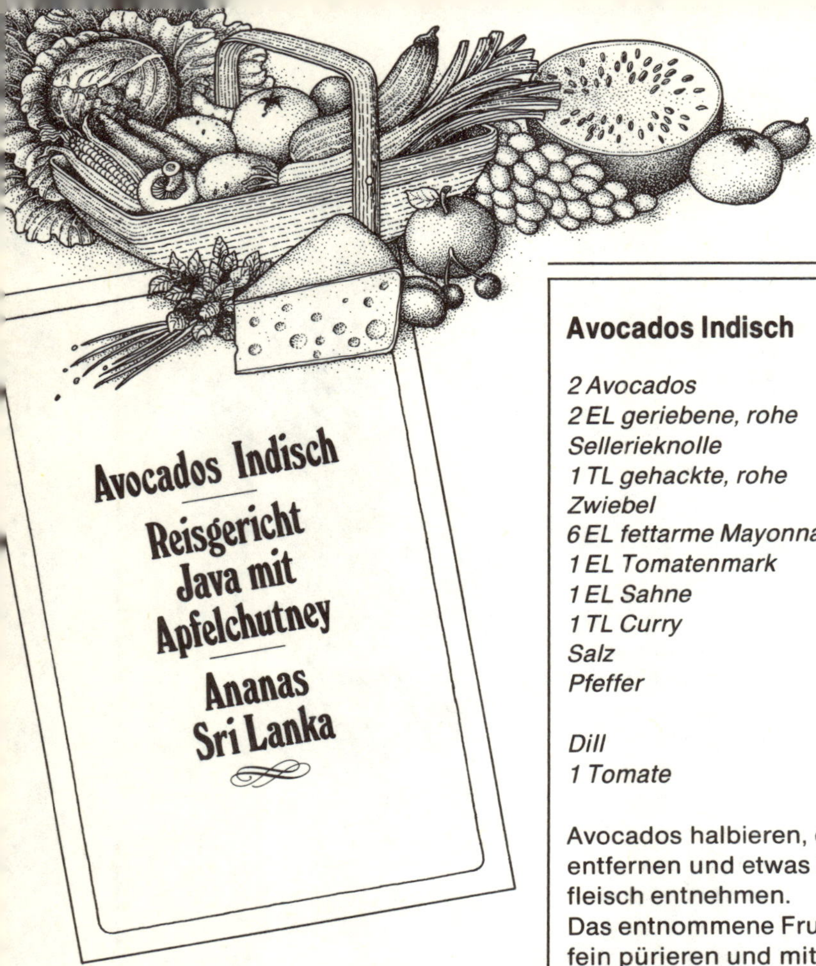

Avocados Indisch

2 Avocados
2 EL geriebene, rohe Sellerieknolle
1 TL gehackte, rohe Zwiebel
6 EL fettarme Mayonnaise
1 EL Tomatenmark
1 EL Sahne
1 TL Curry
Salz
Pfeffer

Dill
1 Tomate

Avocados halbieren, den Kern entfernen und etwas Fruchtfleisch entnehmen.
Das entnommene Fruchtfleisch fein pürieren und mit der geriebenen Sellerie und der gehackten Zwiebel mischen.
Mayonnaise mit Tomatenmark, Sahne, Curry, Salz und Pfeffer verrühren. Die Gemüsemischung aus Avocadofleisch, Sellerie und Zwiebel unterheben und in die halben Avocados füllen.
Jeweils mit etwas Dill bestreuen und mit einer Tomatenscheibe garnieren.

Reisgericht Java mit Apfelchutney

Apfelchutney
6 Äpfel
2 zerdrückte Knoblauchzehen
1 Zwiebel
Saft von 1 Zitrone
1 TL Senfpulver
1 Prise Cayennepfeffer
1 dl Rohzucker
150 g Rosinen
1 TL süßer Ingwer
2 dl Essig

Reisgericht
1 große Zwiebel
Öl
2 TL Curry
2 TL Thymian
Salz
4 dl Reis
250 g Erbsen

3 hartgekochte Eier
4 Tomaten
½ Salatgurke
20 Oliven

Da das Apfelchutney ca. 1 Stunde simmern muß, fängt man am besten wie folgt an: Äpfel schälen und in dünne Schnitze schnei-

den, Knoblauchzehen zerdrükken und Zwiebel fein hacken. Apfelschnitze, zerdrückte Knoblauchzehen und Zwiebeln mischen, Zitronensaft, Senfpulver, Cayennepfeffer, Rohzucker, Rosinen, Ingwer und Essig zugeben und ca. 1½ dl Wasser zugießen. Chutney bei schwacher Hitze simmern lassen, bis die Äpfel ganz verkocht sind.
Inzwischen das Reisgericht zubereiten: Zwiebel hacken und in Öl goldbraun braten. Curry zugeben und etwa 15 Minuten kräftig braten. Dann Thymian, Salz und Reis zufügen und unter ständigem Rühren weitere 15 Minuten braten.
1 Liter kochendes Wasser zugießen und den Reis ca. 20 Minuten kochen. Kurz bevor er fertig ist, die leicht gekochten Erbsen zugeben.
Zum Anrichten den Reis auf einer Platte aufhäufen und außen herum mit gehackten Eiern, Tomatenschnitzen, gehackter Gurke und Olivenscheiben garnieren.
Das möglichst heiße Apfelchutney wird getrennt zu dem Reisgericht serviert.

Ananas Sri Lanka

2 Bananen
2 EL Rohzucker
1 dl Sahne
4 Scheiben frische Ananas
kandierte Veilchen
2 EL gehackte Mandeln

Bananen pürieren, mit Zucker verrühren und einfrieren. Das Mus zur Verwendung leicht auftauen, ehe man es mit der Sahne mischt.
Das Bananenmus auf den Ananasscheiben aufhäufen und mit kandierten Veilchen und gehackten Mandeln bestreuen.

100 g Ananas enthalten
E: 0,5 g F: 0,2 g KH: 13,2 g
Energie: 50 kcal/211 kJ

Zwiebeln Berkshire Art
Sojabraten und panierte Pastinaken mit Champignonsauce
Pflaumen mit Zitronencreme

Zwiebeln Berkshire Art

2 Zwiebeln
½ Sellerieknolle
150 g Erbsen
2 hartgekochte Eier

10 g Butter
1 EL Mehl
ca. 2 dl Milch
50 g geriebener Parmesan
Salz

Zwiebeln in Scheiben schneiden und kochen. Sellerieknolle in kleine Würfel schneiden und ebenfalls kochen. Erbsen kurz aufkochen lassen. Zwiebelscheiben, Selleriewürfel und Erbsen mischen und in 4 gut gefetteten feuerfesten Portionsschalen verteilen.
Eier halbieren und jeweils eine Hälfte in jede Schale legen.
Aus Butter, Mehl und Milch eine Mehlschwitze zubereiten. Sauce mit der Hälfte des Käses und mit Salz abschmecken, auf die 4 Schalen verteilen. Mit dem restlichen Käse bestreuen und das Gericht bei 200° C im vorgeheizten Ofen gratinieren, bis die Oberfläche goldbraun ist.

Sojabraten

2 dl Sojabohnen
1 große Zwiebel
Öl
4 Möhren
1 Dose Tomaten
1 TL Minze
1 TL Basilikum
1 Bund Petersilie
Salz

50 g Butter
6 EL feines Granola (siehe Seite 10)
4 Eier

Sojabohnen über Nacht einweichen. Abspülen und ca. 1 Stunde weich kochen. Die Zwiebel in Scheiben schneiden und in Öl anbraten. Möhren reiben und zusammen mit den Zwiebeln in die Pfanne geben. Tomaten klein schneiden und mit zerstoßenen Gewürzen und gehackter Petersilie dazugeben.
Sojabohnen mit der Küchenmaschine grob hacken und mit dem Gemüse mischen. Mit Salz abschmecken. Die Gemüsemasse in eine gefettete feuerfeste Form geben, gut zusammenpressen und darüber folgende Mischung

verteilen: Butter zergehen lassen und Granola darin verrühren. Eier hineinschlagen.
25–30 Minuten bei 200° C im vorgeheizten Ofen backen, bis die Oberfläche goldbraun ist.

Panierte Pastinaken mit Champignonsauce

2–3 Pastinaken
1 Ei
Paniermehl
Salz
Öl

Champignonsauce
200 g Champignons
40 g Butter
1 EL Zitronensaft
4 dl Gemüsebrühe
20 g Mehl
Salz
evtl. 1 dl Sahne

Die Pastinaken putzen und in Salzwasser weich kochen. Der Länge nach in dünne Scheiben schneiden, in verquirltem Ei, Paniermehl und Salz wenden und in Öl in der Pfanne goldbraun backen.

Champignons in Scheiben schneiden und in der Hälfte der Butter anbraten. Zitronensaft zugeben. Mit der Gemüsebrühe aufgießen, aufkochen lassen. Aus der restlichen Butter und dem Mehl einen Mehlkloß anrühren und die Sauce damit binden. Sauce mit Salz abschmecken, evtl. kann noch etwas Sahne dazugegeben werden.

Pflaumen mit Zitronencreme

250 g große Pflaumen
4 Makronen
50 g Mandeln

Zitronencreme
1½ dl Wasser
Saft von 1 Zitrone
2 EL Rohzucker
Stärkemehl
1 Eigelb

1 dl Sahne

Pflaumen in wenig Wasser weich kochen und entsteinen. In 4 Portionsschalen verteilen. Makronen zerdrücken, Mandeln hacken und auf die Pflaumen streuen.

Wasser mit Zitronensaft und Zukker kochen, mit Stärkemehl binden. Creme 5–10 Minuten durchkochen, Topf vom Herd nehmen und das Eigelb einrühren.
Creme über die Pflaumen gießen und mit geschlagener Sahne garnieren.

100 g Pastinaken enthalten
E: 1,3 g F: 0,4 g KH: 14,9 g
Energie: 64 kcal/270 kJ
Magnesium: 22 mg
Tagesbedarf: 220–260 mg

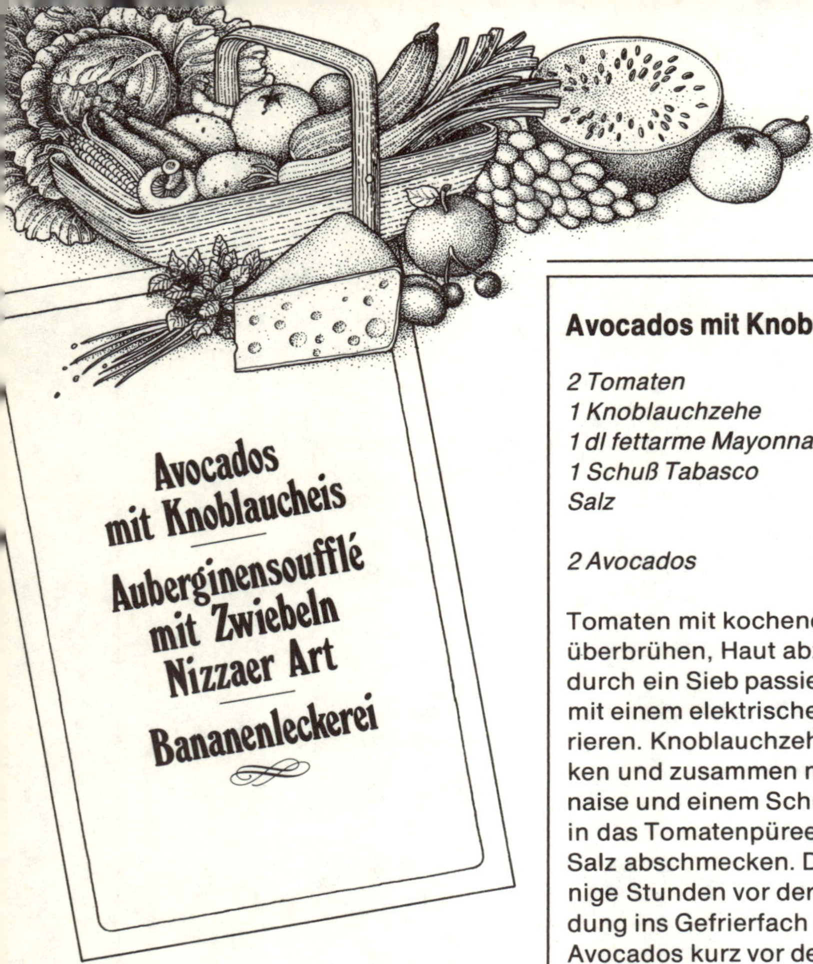

Avocados mit Knoblaucheis

2 Tomaten
1 Knoblauchzehe
1 dl fettarme Mayonnaise
1 Schuß Tabasco
Salz

2 Avocados

Tomaten mit kochendem Wasser überbrühen, Haut abziehen und durch ein Sieb passieren oder mit einem elektrischen Mixer pürieren. Knoblauchzehe zerdrükken und zusammen mit Mayonnaise und einem Schuß Tabasco in das Tomatenpüree geben. Mit Salz abschmecken. Die Masse einige Stunden vor der Verwendung ins Gefrierfach stellen. Avocados kurz vor dem Servieren halbieren, den Kern entfernen und das leicht angetaute Eis auf die 4 Avocadohälften verteilen.

Auberginensoufflé

2 Auberginen
2 Fenchelknollen
4 Stangensellerie
1 Bund Petersilie
2 Knoblauchzehen

40 g Butter
3 EL Mehl
3 dl Milch
50 g geriebener Emmentaler
4 Eier
Paprika
Salz
Pfeffer

Auberginen, Fenchelknollen und Stangensellerie in kleine Würfel schneiden und das Gemüse dann ca. 10 Minuten in wenig Wasser dünsten. Die gehackte Petersilie und die zerdrückten Knoblauchzehen zugeben.
Aus Butter, Mehl und Milch eine Mehlschwitze herstellen, Auberginen, Fenchel, Selleriewürfel zufügen, geriebenen Emmentaler und das verquirlte Eigelb einrühren. Mit Paprika, Salz und Pfeffer abschmecken. Eiweiß mit etwas Salz steif schlagen und vorsichtig unterziehen. Soufflé in

eine gefettete feuerfeste Form mit geraden Seitenwänden gießen und bei 180° C im vorgeheizten Ofen ca. 25 Minuten backen und sofort servieren. Während des Backens den Ofen nicht öffnen!

Zwiebeln Nizzaer Art

300 g kleine Zwiebeln
4 Tomaten
50 g Rosinen
1 TL Thymian
4 EL Weinessig
2 EL Olivenöl
1 EL Rohzucker
Salz
Pfeffer
1 Bund Petersilie

Zwiebeln schälen, Tomaten mit kochendem Wasser überbrühen und abziehen. Zwiebeln und Tomaten in 2 dl kochendes Wasser geben und Rosinen, Thymian, Weinessig, Olivenöl, Zucker, Salz und Pfeffer zufügen. Das Gericht ca. 1 Stunde bei schwacher Hitze schmoren lassen.
Kurz vor dem Servieren Petersilie hacken und hineingeben.

Bananenleckerei

3 reife Bananen
8 getrocknete Feigen
50 g Nüsse
2 dl Sahne

Bananen pürieren. Getrocknete Feigen in der Küchenmaschine zerkleinern oder sehr fein hakken. Nüsse grob hacken. Sahne steif schlagen und mit dem Bananenmus, den gehackten Feigen und 3/4 der gehackten Nüsse mischen.
Das Dessert in Portionsgläsern anrichten und mit einer Haube geschlagener Sahne und den restlichen Nüssen verzieren.

Abwandlung
Statt der gehackten Nüsse können auch Kokosraspel unter die Bananen-Feigencreme gemischt werden.

100 g Auberginen enthalten
E: 1,2 g F: 0,2 g KH: 4,6 g
Energie: 21 kcal/88 kJ

Mimosensuppe

250 g feine grüne Bohnen
4 hartgekochte Eier, geschält
2–3 Gemüsebrühwürfel
1 dl Kaffeesahne

Bohnen in ca. 1 Liter Wasser gar kochen. Aus dem Wasser nehmen und in ganz kleine Stücke schneiden. Eier halbieren, Dotter vorsichtig herausnehmen und zerdrücken (Eiweißhälften aufheben und im Hauptgericht verwenden). Gemüsebrühwürfel im Bohnenwasser auflösen, die kleingeschnittenen Bohnen gut durchwärmen und die Kaffeesahne zugeben. Zuletzt das Eigelb einrühren und die Suppe kurz aufkochen lassen.
Sofort servieren, am besten zusammen mit Walnußbrötchen (siehe Seite 130).

Reisschüssel Exotisch

4 dl Reis
1 l Wasser
Salz

1 Dose Ananas
1 grüner Paprika
1 roter Paprika
250 g Champignons
250 g Bohnenkeime
2 Bananen
Öl
50 g schwarze Oliven
100 g Rosinen

8 Eiweißhälften (von der Mimosensuppe)
4 EL Crème fraîche oder saure Sahne
10 gefüllte grüne Oliven
1–2 EL Tomatenmark
1 EL gehackte Petersilie

2 TL Curry
40 g Butter
3 EL Mehl
ca. 2½ dl Gemüsebrühe (aus Brühwürfeln)
ca. 1 dl Milch
Salz

50 g Mandeln

Reis kochen, in eine große feuerfeste Schüssel geben und im Ofen warm halten.
Rosinen mit kochendem Wasser übergießen. Obst und Gemüse in kleine Stücke oder Streifen schneiden, in Öl andünsten und dann, zusammen mit den ganzen schwarzen Oliven und den eingeweichten Rosinen, in einem hübschen Muster auf dem Reis verteilen.
Crème fraîche oder saurer Sahne mit gehackten grünen Oliven, Tomatenmark und gehackter Petersilie für die Füllung verrühren und in die Eiweißhälften (von der Mimosensuppe) füllen. Die gefüllten Eier ebenfalls auf der Reisschüssel anrichten.
Für die Sauce: Curry in Butter anschwitzen, Mehl dazugeben und mit Flüssigkeit aufgießen.
Die Reisschüssel vor dem Servieren mit gerösteten Mandelsplittern bestreuen und die Sauce getrennt dazu reichen.
Man kann zu diesem Gericht einen Salat aus Chicorée und filetierten Orangenstückchen oder Feldsalat mit Mandarinenstückchen und Mandelsplittern servieren.

Melone »1001 Nacht«

1 kleine Melone
1 Pfirsich
1 Kiwi
200 g Erdbeeren
200 g Kirschen
½ dl Kirschsaft
2 Eigelb
½ dl Rohzucker
1 dl Milch
5 ganze Nelken
Zitronensaft
2 dl Sahne

Das oberste Viertel der Melone abschneiden und die Kerne entfernen. Einen Teil des Fruchtfleisches mit einem Löffel herausnehmen und in kleine Würfel schneiden. Den Saft der Melone in eine Schale gießen. Pfirsich brühen und häuten. Kiwi schälen und beides in Würfel schneiden. Erdbeeren halbieren und alle Früchte in die Melone füllen. Melonen und Kirschsaft mischen und darübergießen. Melone einige Stunden kalt stellen.
Für die Creme Eigelb und Zucker schaumig rühren. Die Nelken in der Milch kurz aufkochen lassen und dann herausnehmen. Auf niedrigste Einstellung zurückschalten und die Eiercreme dazugeben. Ununterbrochen rühren, bis die Creme dick wird. Mit etwas Zitronensaft abschmecken und sobald die Creme kalt ist, die steifgeschlagene Sahne unterziehen.

100 g grüne Bohnen enthalten
E: 2,4 g F: 0,2 g KH: 5,1 g
Energie: 31 kcal/130 kJ
Vitamin B_6: 0,28 mg
Tagesbedarf: 1,6–1,8 mg

Maiskolben

Kohlrouladen Russisch

Mandelrand mit Früchten und Quarkcreme

Maiskolben

4 Maiskolben
Butter
Salz
Pfeffer

Maiskolben mit Butter bepinseln und mit Salz und Pfeffer bestreuen. Jeden Kolben einzeln in Folie wickeln und ca. 25 Minuten im Ofen grillen. Ab und zu wenden. Die Maiskolben können evtl. mit zerlassener Butter serviert werden.

Kohlrouladen Russisch

1 kleiner Kopf Weißkohl

1 Zwiebel
250 g Pfifferlinge (oder andere Pilze, z. B. Steinpilze, Maronen oder auch Egerlinge)
200 g frische Bohnenkeime
2 Paprika
3 EL Butter
3 dl gekochter Reis
100 g Schmelzkäse (30%)
Salz
Pfeffer
1 Zwiebel
1 große Dose gehäutete Tomaten
1 TL Thymian
3 EL gehackte Petersilie
Salz
Pfeffer
2½ dl Sahne

250 g Pfifferlinge
Öl

Weißkohl in kochendes Wasser geben und dann die weichgekochten Blätter (ca. 16–18 Stück) vorsichtig ablösen und abtropfen lassen. Einen Teil des restlichen Kohlkopfs fein hacken. Zwiebel hacken, Pfifferlinge halbieren, Bohnenkeime in kleine Stücke schneiden, Paprika würfeln und alles in Butter anbraten.
Reis, Schmelzkäse, Salz und Pfeffer zufügen und alles mit dem Gemüse mischen. Diese Füllung auf die Kohlblätter verteilen. Die Seiten der Blätter über der Füllung nach innen schlagen und zusammenrollen. Evtl. mit einem Faden zusammenbinden. Die Kohlrouladen in eine feuerfeste Form legen und mit folgender Sauce übergießen: Zwiebeln fein hacken und mit den feinge-

schnittenen Tomaten mischen. Thymian, Petersilie, Salz und Pfeffer zufügen. Den Saft der Tomaten mit der Sahne mischen und dazugießen.
Die Pfifferlinge in etwas Öl braten und vor dem Anrichten über die Kohlrouladen streuen.
Gut schmecken dazu Gesundheitsstangenbrot (siehe Seite 39).

Mandelrand mit Früchten und Quarkcreme

150 g Mandeln
3 Eier
1 dl Rohzucker
1 EL Mehl
Paniermehl

Früchte
4 Scheiben Ananas
2 Kiwis

Quarkcreme
2 Eier
1 EL Rohzucker
Saft von ½ Zitrone
200 g Magerquark

Mandeln schälen und durch die Mandelmühle drehen. Eigelb mit Zucker schaumig rühren, Mandeln und Mehl zugeben. Eiweiß steif schlagen und unterziehen. Die Mandelmasse in eine gefettete, mit Paniermehl ausgestreute Randform geben und ca. 30 Minuten bei 175° C im vorgeheizten Ofen backen.
Zum Servieren Rand mit einem Messer lösen und auf eine Platte stürzen. Ananasscheiben und die geschälten, in Scheiben geschnittenen Kiwis in der Mitte anrichten.
Dazu reicht man Quarkcreme: Eigelb mit Zucker verrühren; Zitronensaft und Quark zufügen. Ein Eiweiß steif schlagen und unmittelbar vor dem Servieren unter die Creme ziehen.

100 g Weißkohl enthalten
E: 1,4 g F: 0,2 g KH: 4,2 g
Energie: 20 kcal/84 kJ
Vitamin C: 46 mg
Tagesbedarf: 75 mg

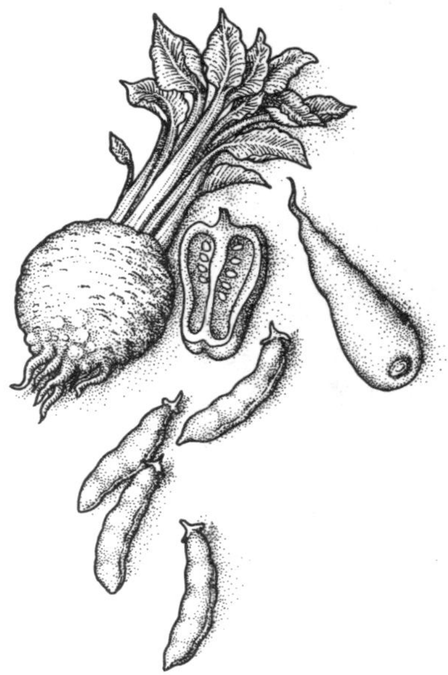

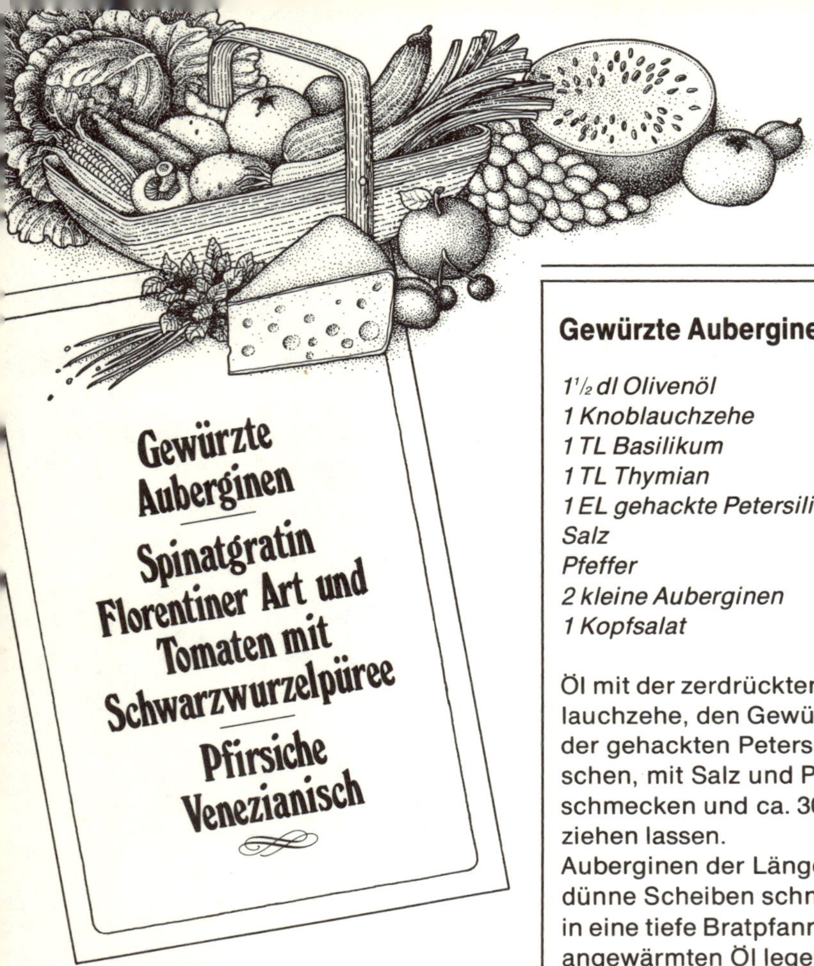

Gewürzte Auberginen

1½ dl Olivenöl
1 Knoblauchzehe
1 TL Basilikum
1 TL Thymian
1 EL gehackte Petersilie
Salz
Pfeffer
2 kleine Auberginen
1 Kopfsalat

Öl mit der zerdrückten Knoblauchzehe, den Gewürzen und der gehackten Petersilie mischen, mit Salz und Pfeffer abschmecken und ca. 30 Minuten ziehen lassen.
Auberginen der Länge nach in dünne Scheiben schneiden und in eine tiefe Bratpfanne mit etwas angewärmten Öl legen. Mit dem Kräuteröl begießen und 5–10 Minuten gut durchbraten. Portionsweise auf den mit Kräuteröl beträufelten Salatblättern anrichten.

Spinatgratin Florentiner Art

1 kg tiefgefrorener, gehackter Spinat
1½ dl Milch
2 EL Butter
2½ EL Mehl
4 gekochte Kartoffeln
2 Zwiebeln
250 g Champignons
Öl
Salz
geriebene Muskatnuß
150 g Mozzarella Käse

Milch anwärmen und Spinat darin auftauen lassen. Aus Butter und Mehl einen Mehlkloß anrühren, der dem Spinat zugesetzt wird, sobald er zu kochen beginnt. Die Hitze reduzieren und den Spinat dann noch ca. 5 Minuten kochen.
In der Zwischenzeit die gekochten Kartoffeln in Scheiben schneiden.
Zwiebeln hacken und Champignons in Scheiben schneiden. Beides einige Minuten in Öl anbräunen. In eine feuerfeste Form erst eine Lage mit Salz und Muskatnuß abgeschmeckten Spinat geben, darüber eine Lage Kartof-

feln/Champignons/Zwiebel und die Hälfte des in Scheiben geschnittenen Käses. So fortfahren, bis alles verbraucht ist. Die oberste Schicht soll aus Spinat/Käse bestehen. Den Auflauf mit Folie abdecken und ca. 20 Minuten bei 200° C im vorgeheizten Ofen backen. In den letzten 5 Minuten Folie entfernen, damit der Käse goldbraun wird.

Tomaten mit Schwarzwurzelpüree

8 Tomaten
250 g Schwarzwurzeln
Milch/Wasser
1 Zwiebel
30 g Butter
1 Ei
1 EL Paniermehl
Salz
evtl. Milch

Von den Tomaten einen Deckel abschneiden und sie aushöhlen. Schwarzwurzeln in halb Milch, halb Wasser gar kochen und Haut abziehen. Pürieren und mit geriebener Zwiebel, Butter, Ei, Paniermehl, Salz und evtl. etwas Milch anrühren. Die Tomaten damit füllen und in eine gefettete feuerfeste Form setzen. 15 Minuten bei 200° C im vorgeheizten Ofen gratinieren.
Man kann die Tomaten evtl. auch mit etwas Sahne bepinseln.

Pfirsiche Venezianisch

1 Dose oder 4 frische Pfirsiche
1 Dose Kastanienpüree
1 dl Sahne
50 g Mandeln

Pfirsiche abtropfen lassen. Frische Früchte kurz in Zuckerwasser aufkochen, abziehen, halbieren und entkernen.
Die Pfirsiche auf 4 Portionsschalen verteilen und mit Kastanienpüree bedecken. Mit geschlagener Sahne und gehackten Mandeln garnieren.

100 g Schwarzwurzeln enthalten
E: 1,4 g F: 0,4 g KH: 16,3 g
Energie: 70 kcal/293 kJ
Phosphor: 75 mg
Tagesbedarf: 700–800 mg

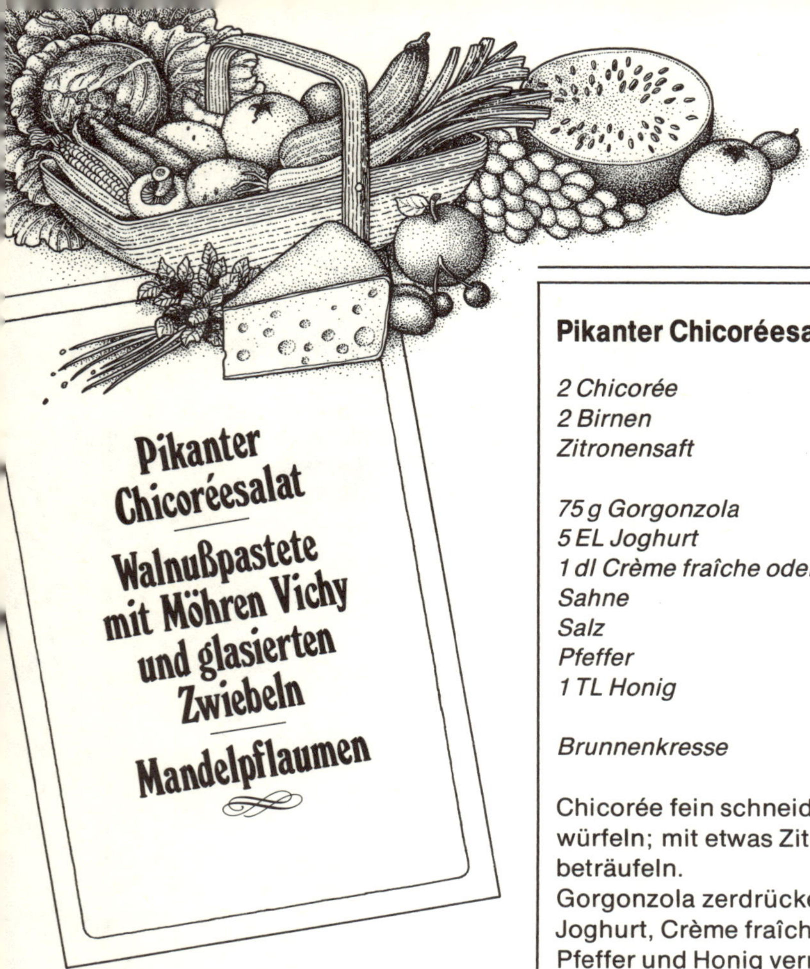

Pikanter Chicoréesalat

2 Chicorée
2 Birnen
Zitronensaft

75 g Gorgonzola
5 EL Joghurt
1 dl Crème fraîche oder saure Sahne
Salz
Pfeffer
1 TL Honig

Brunnenkresse

Chicorée fein schneiden, Birnen würfeln; mit etwas Zitronensaft beträufeln.
Gorgonzola zerdrücken und mit Joghurt, Crème fraîche, Salz, Pfeffer und Honig verrühren. Salat in 4 Portionsgläsern anrichten, das Käsedressing darübergießen und mit reichlich Brunnenkresse garnieren.

Walnußpastete

(5–6 Personen)

2 dl ganze Weizenkörner
2 dl Sahne
100 g Walnüsse
1 Zwiebel
2 Möhren
1 Dose Tomaten
1 dl Granola (siehe Seite 10)
2 EL Sojamehl
1 dl Hirseflocken
1 TL Basilikum
2 Eier
Salz
Sojasauce (Tamari)

Weizenkörner mahlen (evtl. kann man auch die entsprechende Menge Weizen-Vollkornmehl verwenden) und mit der Sahne verrühren. Etwa 1 Stunde in der Sahne ziehen lassen.
Walnüsse und Zwiebel hacken, Möhren grob reiben. Tomaten gut abtropfen lassen und in kleine Stücke schneiden. Alles unter die Sahne mischen und mit Granola, Sojamehl, Hirseflocken und Basilikum verrühren. Die Eier nacheinander einrühren. Mit Salz und Sojasauce abschmekken. Wenn die Mischung zu

weich ist, kann noch etwas Weizen-Vollkornmehl eingerührt werden.
Die Pastetenmasse in eine Pasteten- oder Backform füllen, die mit einer doppelten Schicht gefetteter Alufolie ausgelegt werden muß, wenn man die fertige Pastete aus der Form nehmen und aufschneiden will. Ca. 50 Minuten bei 200° C im vorgeheizten Ofen backen.

Möhren Vichy

400 g Möhren
50 g Butter
1 EL Honig
1 Bund Petersilie
Salz

Möhren in dünne Scheiben schneiden. Die Butter zusammen mit dem Honig zerlassen. Die Möhren zugeben und bei schwacher Hitze simmern lassen, bis sie fast gar sind. Sie dürfen nicht zu weich sein und man darf auch keine Flüssigkeit zusetzen. Wenn die Möhren fertig sind, Petersilie hacken und zugeben. Mit Salz abschmecken.

Glasierte Zwiebeln

500 g kleine Schalotten
40 g Rohzucker
40 g Butter

Zwiebeln kurz in kochendes Wasser legen und dann häuten. Zucker zerlassen und die Butter mit der Karamelmasse verkochen. Die gut abgetropften Zwiebeln zugeben und ca. 10 Minuten in der Karamelmasse wenden, bis sie goldbraun und durchgebraten sind.
Zu der Walnußpastete können außerdem noch Stangenweißbrot und grüner Salat serviert werden.

Mandelpflaumen

8–12 schöne, große Backpflaumen mit Stein
50 g Mandeln
1 EL Rohzucker
1 Eiweiß
1½ dl Sahne

Pflaumen einweichen und fast gar kochen. Abkühlen lassen und entsteinen.
Mandeln schälen und durch die Mandelmühle drehen. Mit Zucker und soviel Eiweiß mischen, daß sich eine feste Masse bildet, und in die Pflaumen füllen.
Sahne steif schlagen, auf 4 Portionsschalen verteilen und die gefüllten Pflaumen darin anrichten.

100 g Walnüsse enthalten
E: 14,4 g F: 62,5 g
KH: 14,2 g
Energie: 631 kcal/2640 kJ
Vitamin B_1: 0,34 mg
Tagesbedarf: 1,4–1,6 mg

Versteckte Eier

Cannelloni Toskanisch

Honiggrapefruit

Versteckte Eier

4 Brötchen
3 EL fettarme Mayonnaise
2 EL Tomatenmark
½ TL Zwiebelpulver
4 EL Schmelzkäse (30%)
6 EL gedünstete Champignons
4 Eier
Dill

Den oberen Teil der Brötchen abschneiden und sie aushöhlen. Mayonnaise mit Tomatenmark und Zwiebelpulver anrühren und die Brötchen innen damit bestreichen. Den Käse cremig rühren und mit den Champignons mischen. Diese Fülle in die Brötchen geben und darüber vorsichtig ein Ei schlagen.
Die Brötchen bei 175° C im vorgeheizten Ofen backen bis das Eiweiß gestockt ist. Mit reichlich Dill bestreuen.

Cannelloni Toskanisch

16–18 Cannelloni (können in Packungen zu jeweils 250 g gekauft werden)
350 g gehackter, tiefgefrorener Spinat
2 Zucchini
2 Möhren
2 Zwiebeln
¼ Sellerieknolle
200 g Champignons
Öl
2 Knoblauchzehen
1 Bund Petersilie
Thymian
Rosmarin
Basilikum
Salz
ca. ½ dl Sahne
1 Ei
50 g geriebener Parmesan

Tomatensauce
1 Zwiebel
1 Knoblauchzehe
20 g Butter
2½ EL Mehl
1 Dose Tomaten
3 dl Tomatensaft oder Gemüsebrühe
Salz, Pfeffer
Rohzucker

Weiße Sauce
2 dl Milch
ca. 1 dl Gemüsebrühe
20 g Butter
2½ EL Mehl
Salz, Pfeffer
geriebene Muskatnuß
50 g geriebener Parmesan

Spinat weich dämpfen.
Zucchini, Möhren, Zwiebeln, Sellerie und Champignons reiben oder fein hacken und ca. 10 Minuten in Öl andünsten. Die Knoblauchzehen zerdrücken, Petersilie hacken und beides, mit Gewürzen und Salz nach Geschmack, zugeben.
Den Spinat zufügen und wenn die Gemüsemischung abgekühlt ist, diese mit Sahne, Ei und geriebenem Käse verrühren. Die Masse muß ziemlich fest sein.
Masse in die Canneloni füllen.
Für die Tomatensauce die Zwiebel fein hacken und zusammen mit der zerdrückten Knoblauchzehe in Butter andünsten. Mehl zugeben und mit Tomatensaft und Gemüsebrühe löschen. Die Tomaten zufügen und verkochen lassen. Mit Salz, Pfeffer und Zukker abschmecken.

Für die weiße Sauce Milch und Brühe zum Kochen bringen. Aus Butter und Mehl einen Mehlkloß anrühren und die Sauce damit binden. Sauce gut durchkochen lassen und mit Salz, Pfeffer und Muskatnuß abschmecken.
Die Tomatensauce in eine feuerfeste Form geben, darauf die mit der Gemüsemischung gefüllten Cannelloni legen und die weiße Sauce darübergießen. Mit geriebenem Käse bestreuen und das Gericht ca. 20 Minuten bei 200° C im vorgeheizten Ofen gratinieren.
Dazu einen beliebigen grünen Salat servieren.

Honiggrapefruit

4 Grapefruits
2 EL Honig
2 EL zerlassene Butter
Ingwer

Grapefruits halbieren, mit Honig bestreichen, mit zerlassener Butter beträufeln und mit Ingwer bestreuen. 5–10 Minuten bei 200° C in den vorgeheizten Ofen geben und sofort servieren.

100 g Sellerie enthalten
E: 1,6 g F: 0,3 g KH: 7,4 g
Energie: 35 kcal/148 kJ
Phosphor: 80 mg
Tagesbedarf: 700–800 mg

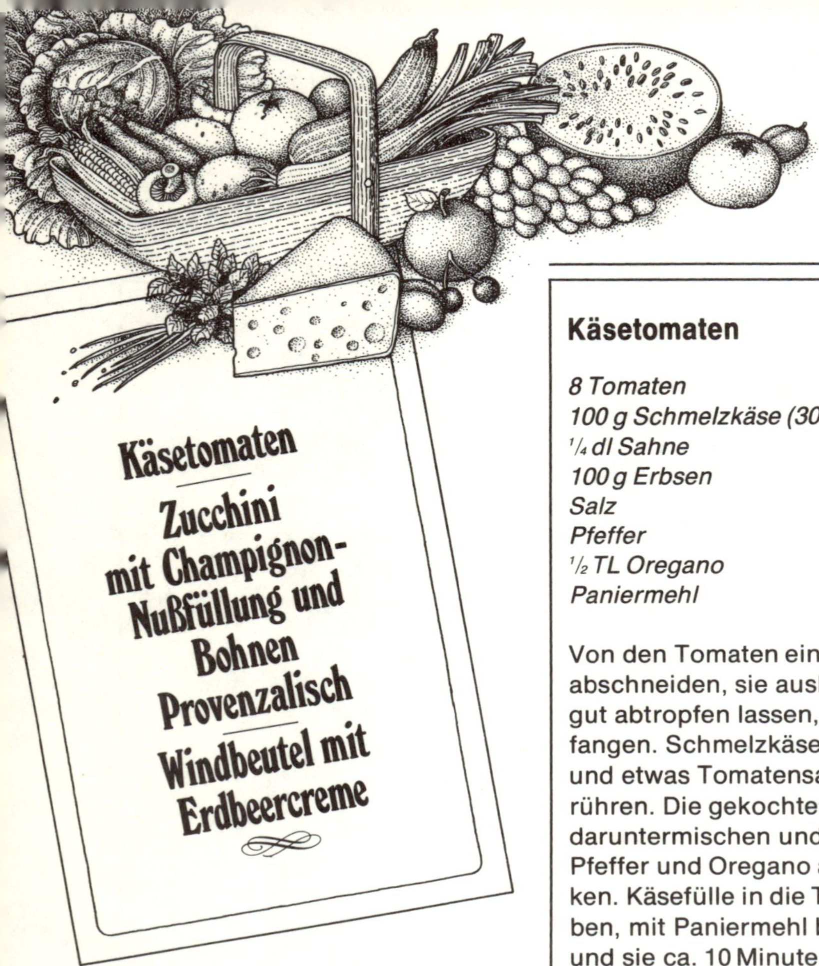

Käsetomaten

8 Tomaten
100 g Schmelzkäse (30%)
1/4 dl Sahne
100 g Erbsen
Salz
Pfeffer
1/2 TL Oregano
Paniermehl

Von den Tomaten einen Deckel abschneiden, sie aushöhlen und gut abtropfen lassen, Saft auffangen. Schmelzkäse mit Sahne und etwas Tomatensaft sämig rühren. Die gekochten Erbsen daruntermischen und mit Salz, Pfeffer und Oregano abschmekken. Käsefülle in die Tomaten geben, mit Paniermehl bestreuen, und sie ca. 10 Minuten bei 190° C im vorgeheizten Ofen gratinieren.

Zucchini mit Champignon-Nußfüllung

6–8 Zucchini
1/2 dl Öl
1 TL Bohnenkraut
Salz, Pfeffer
2 EL gehackte Petersilie
250 g Champignons
1/2 dl Weizenkleie
5 EL gehackte Walnüsse
100 g geriebener Cheddar Käse

Zucchini der Länge nach halbieren, aushöhlen und ca. 15 Minuten in etwas Öl schmoren lassen. Inzwischen das restliche Öl mit Bohnenkraut, Salz, Pfeffer und Petersilie mischen.
Champignons in Scheiben schneiden und einige Minuten andünsten, dann zusammen mit der Kleie, den Walnüssen und der Hälfte des Käses in die Ölmischung geben. Zucchini eng aneinander in eine gefettete feuerfeste Form legen und die Fülle fest in die Früchte drücken.
Das Gericht ca. 20 Minuten bei 200° C im vorgeheizten Ofen backen. 5 Minuten vor dem Herausnehmen mit dem restlichen Käse bestreuen.

Bohnen Provenzalisch

500 g feine grüne Bohnen
4 Schalotten
Öl

2 EL Zitronensaft
2 EL Weinessig
½ dl Olivenöl
1 Prise Basilikum
1 Prise Thymian
1 Prise Majoran
½ TL Knoblauchsalz

1 Kopfsalat

Bohnen fast weich kochen und abtropfen lassen. Schalotten in feine Scheiben schneiden und in Öl anbraten.
Zitronensaft, Weinessig und Olivenöl mit Basilikum, Thymian, Majoran und Knoblauchsalz verrühren. Marinade über Bohnen und Zwiebeln gießen und alles bis zum Servieren einige Stunden kalt stellen.
Den Kopfsalat zerpflücken und die Salatblätter in eine Schüssel geben und die Bohnen darauf anrichten.
Hierzu serviert man Cheddar-Käsebrot (siehe Seite 130).

Windbeutel mit Erdbeercreme

1½ dl Wasser
100 g Butter
½ TL Rohzucker
100 g Mehl
2 Eier

Erdbeercreme
2 Eigelb
2 EL Rohzucker
1 dl Sahne
200 g Erdbeeren

Wasser, Butter und Zucker in einem Topf aufkochen lassen. Topf vom Herd nehmen, Mehl dazusieben und Topf wieder auf den Herd stellen. Rühren bis der Teig glatt ist und sich vom Topfboden löst, Topf vom Feuer nehmen und nach und nach die Eier zugeben. Vielleicht kann der Teig auch nur 1 Ei aufnehmen; er darf keinesfalls zu weich sein. Teig in Häufchen auf gefettetes Backpapier setzen (beachten, daß er um das Doppelte aufgeht).
Windbeutel ca. 25 Minuten bei 200° C im vorgeheizten Ofen backen. Ofentür nicht vorher öffnen, da sie leicht zusammenfallen.
Für die Erdbeercreme Eigelb und Zucker schaumig rühren. Sahne steif schlagen und etwas davon zur Dekoration beiseite stellen. Erdbeeren zerdrücken oder in Scheiben schneiden (einige ganze Beeren zurückbehalten) und mit der Eimasse unter die geschlagene Sahne ziehen.
Von den abgekühlten Windbeuteln einen Deckel abschneiden, Creme einfüllen, den Deckel wieder auflegen und mit geschlagener Sahne und einer Erdbeere verzieren.

100 g Tomaten enthalten
E: 1,0 g F: 0,2 g KH: 3,3 g
Energie: 16 kcal/66 kJ
Kalium: 297 mg
Tagesbedarf: 2000–3000 mg

Avocadosuppe

Foto Seite 17

2 EL Butter
1 EL Mehl
½ TL Zwiebelpulver
1 l Gemüsebrühe
Salz
Pfeffer

4 Avocados
2 EL Zitronensaft
1½ dl Kaffeesahne
1½ dl Sahne

1 Avocado
Zitronenmelisse

Butter in einem Topf zerlassen. Mehl und Zwiebelpulver einstreuen und Gemüsebrühe dazugießen, abschmecken und die Suppe gut durchkochen.
Avocados mit dem Zitronensaft pürieren, evtl. im Mixer, und Kaffeesahne und Sahne zugeben.
Avocadomasse in die Suppe gießen und noch einmal gut durchwärmen.
Die Avocado in Scheiben schneiden. Zum Servieren die Suppe mit Avocadoscheiben und Zitronenmelissenblättern garnieren.

Käsepastete

150 g Butter
ca. 125 g Weizenmehl
100 g Weizen-Vollkornmehl
½ TL Salz
ca. 2 EL kaltes Wasser
getrocknete Erbsen
Öl
300 g Schmelzkäse (30%)
1 EL Stärkemehl
Saft von ½ Zitrone
1 dl Crème fraîche oder saure Sahne
3 Eier

Butter in das Mehl schneiden und rasch mit Salz und Wasser zusammenkneten. Teig ca. 1 Stunde kalt stellen, ehe man ihn ausrollt und in die gefettete Springform legt; mit einer Gabel mehrmals einstechen, mit Folie belegen und getrocknete Erbsen darüberstreuen. Pastete ca. 10 Minuten bei 210° C in den vorgeheizten Ofen geben. Folie entfernen und Erbsen für den gleichen Zweck aufbewahren. Schmelzkäse mit Stärkemehl, Zitronensaft, Crème fraîche und Eigelb verrühren. Eiweiß steif schlagen und vorsichtig unter

die Käsemasse ziehen, in die vorgebackene Pastete füllen und ca. 15–20 Minuten bei 200° C in den vorgeheizten Ofen geben.

Gedünsteter Stangensellerie

3–4 Stangensellerie
1 Zwiebel
Öl
1 Dose Tomaten
1 Bund Petersilie
Salz, Pfeffer
2 EL gehackte Oliven

Sellerie putzen, die harten Teile entfernen. Stengel in kleine Stücke schneiden (Blätter aufbewahren, soweit sie brauchbar sind). Selleriestücke in kochendes Wasser geben und ca. 4 Minuten kochen. Wasser abgießen und gut abtropfen lassen. Zwiebel hacken und in Öl andünsten. Tomaten mit Saft und gehackte Petersilie zufügen. Selleriestükke zugeben und das Gericht zugedeckt simmern lassen, bis der Sellerie gar ist.
Mit Salz und Pfeffer abschmekken und mit gehackten Oliven bestreuen.

Karamelpfirsiche

4 Pfirsiche
50 g Nüsse
1½ dl feingehackte Feigen
2½ dl Sahne
85 g Rohzucker

Pfirsiche mit kochendem Wasser übergießen und vor dem Abziehen ca. 5 Minuten stehen lassen. Die Früchte in eine feuerfeste Schüssel legen und mit den gehackten Nüssen und Feigen bestreuen.
Sahne steif schlagen und über die Pfirsiche verteilen. Mit Zukker bestreuen und die Schüssel einige Minuten in den Grill stellen, bis der Zucker schmilzt und goldbraun wird, sofort servieren.

100 g Stangensellerie enthalten
E: 1,2 g F: 0,2 g KH: 3,6 g
Energie: 17 kcal/73 kJ
Calcium: 80 mg
Tagesbedarf: 700–800 mg

Spargel mit Mousselinsauce

500 g Spargel
Salz
Rohzucker

Mousselinsauce
3 Eigelb
¼ TL Salz
Pfeffer
geriebene Muskatnuß
75 g Butter
2 TL Zitronensaft
1½ dl Sahne

Spargel schälen und ca. 15 Minuten in Salzwasser mit einer Prise Zucker kochen. Er darf nur gerade gar sein.
Zu dem kochendheißen Spargel serviert man Mousselinsauce: Eigelb mit Salz, Pfeffer und Muskatnuß verrühren und den Topf im Wasserbad auf den Herd stellen (das Wasser darf nicht kochen). Butter in kleinen Stückchen nacheinander zugeben. Jedes Stückchen zerlaufen lassen, ehe man das nächste zugibt. Wenn alle Butter zerlassen und die Sauce dick geworden ist, Topf vom Herd nehmen und den Zitronensaft einrühren. Sahne steif schlagen und sobald die Sauce etwas abgekühlt ist, die steifgeschlagene Sahne unter die Sauce ziehen.

Spinatgratin Amerikanisch

500 g frischer Blattspinat
8 Weißkohlblätter
250 g Champignons
Öl
Zitronensaft
1½ dl Reis
150 g Cheddar Käse
½ EL gemahlener Piment
1 TL Estragon
Salz
50 g Mandeln

250 g körniger Frischkäse

Spinat verlesen, gründlich waschen und abtropfen lassen. Spinat gar dünsten. Weißkohlblätter kochen, bis sie weich sind. Champignons in Scheiben schneiden und in etwas Öl anbraten. Einige Eßlöffel Zitronensaft zugeben. Reis gar kochen. Spinat, Weißkohlblätter, Champignons und Reis, zusammen mit dem in Scheiben geschnittenen

Käse, schichtweise in eine gefettete feuerfeste Form geben. Jede Schicht mit Piment, Estragon und Salz bestreuen. Die oberste Schicht muß aus Spinat und Käse bestehen. Mandeln mit kochendem Wasser überbrühen, abziehen, grob hacken und auf den Käse streuen. Das Gericht ca. 30 Minuten bei 200° C im vorgeheizten Ofen gratinieren.
Dazu reicht man Frischkäse mit Gesundheitsstangenbroten (siehe Seite 39).

Pflaumentorte

3 Platten tiefgefrorener Blätterteig
250 g Pflaumen
2 große Äpfel
2 Eiweiß
2 EL Puderzucker
Crème fraîche oder saure Sahne

Blätterteig ausrollen, in eine mit kaltem Wasser ausgespülte Springform legen und ca. 45 Minuten ruhen lassen, ehe man ihn mit einer Gabel mehrfach ansticht und ca. 20 Minuten bei 200° C im vorgeheizten Ofen hellbraun backt.

Pflaumen entsteinen und grob hacken. Äpfel schälen und in kleine Stückchen schneiden. Gehackte Pflaumen und Äpfelstückchen in wenig Wasser zu Mus verkochen lassen und auf dem abgekühlten Blätterteig verteilen. Eiweiß mit dem Puderzucker sehr steif schlagen und die Masse so über das Mus verteilen, daß es ganz bedeckt ist. Torte ca. 8–10 Minuten bei 225° C im vorgeheizten Ofen fertig backen, bis sie goldbraun ist.
Dazu serviert man Crème fraîche oder saure Sahne.

100 g Spinat enthalten
E: 2,5 g F: 0,3 g KH: 3,4 g
Energie: 21 kcal/87 kJ
Vitamin C: 52 mg
Tagesbedarf: 75 mg

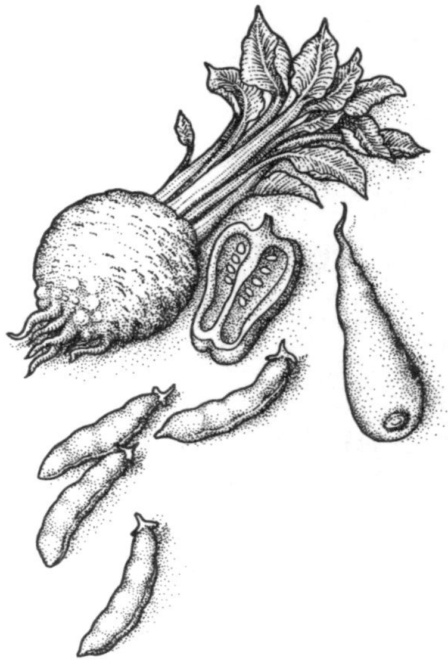

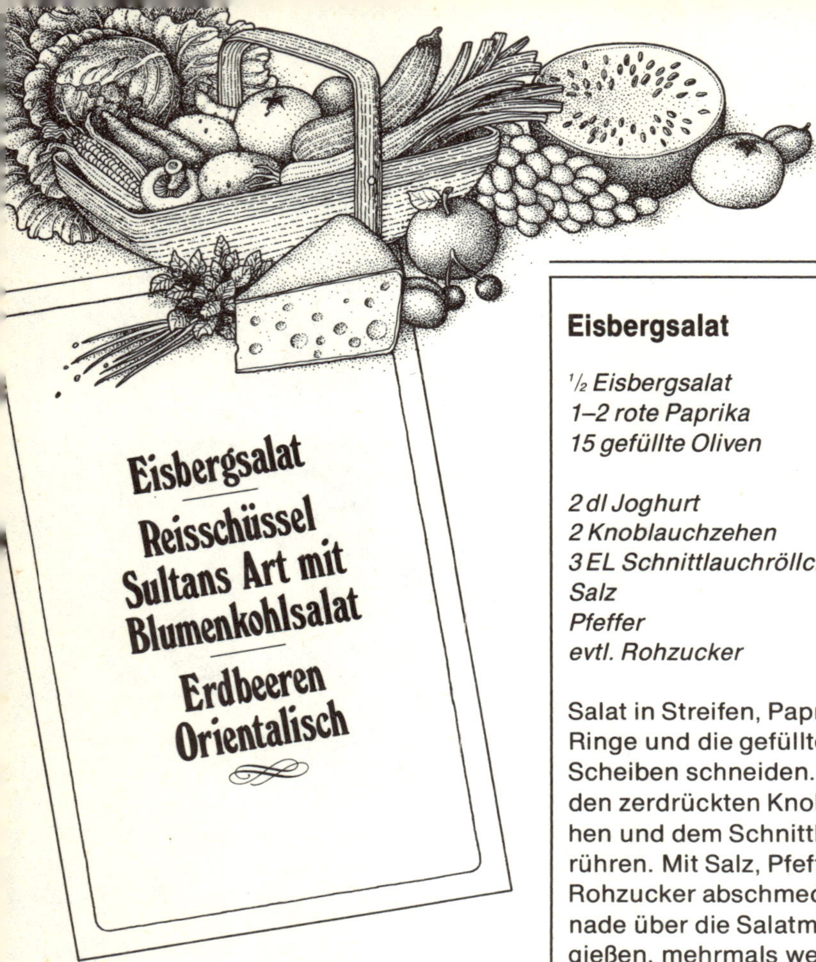

Eisbergsalat

½ Eisbergsalat
1–2 rote Paprika
15 gefüllte Oliven

2 dl Joghurt
2 Knoblauchzehen
3 EL Schnittlauchröllchen
Salz
Pfeffer
evtl. Rohzucker

Salat in Streifen, Paprika in Ringe und die gefüllten Oliven in Scheiben schneiden. Joghurt mit den zerdrückten Knoblauchzehen und dem Schnittlauch verrühren. Mit Salz, Pfeffer und evtl. Rohzucker abschmecken. Marinade über die Salatmischung gießen, mehrmals wenden und in Portionsschalen servieren.

Reisschüssel Sultans Art

4 dl Reis
Salz
½ TL Kurkuma
4 Tomaten
½ kleine Sellerieknolle
250 g Champignons
Öl
250 g frische Bohnenkeime
½ EL Basilikum
1 Bund Petersilie
5 Eier
Salz, Pfeffer
Paniermehl
Butter

Reis in Salzwasser mit Kurkuma kochen. Tomaten in Scheiben schneiden und Sellerie reiben. Champignons in Scheiben schneiden und anbraten. Tomaten, Sellerie, Bohnenkeime, Basilikum und die gehackte Petersilie dazugeben. Gemüse ca. 5 Minuten simmern lassen. Eier verquirlen, Salz und Pfeffer dazugeben und den gekochten und abgekühlten Reis unter die Eimasse ziehen. Die Hälfte des Reises in eine gefettete feuerfeste Form geben, das Gemüse darüber verteilen, mit Salz bestreuen und den restlichen Reis darübergeben. Mit Paniermehl bestreuen und einige Butterflöckchen darauf verteilen. Die Form etwa 20–30 Minuten bei 200° C in den vorgeheizten Ofen geben.

Minestrone (siehe Seite 114)

Blumenkohlsalat

½ Blumenkohl
2 dl Dickmilch
Saft von ½ Zitrone
Salz
Pfeffer
evtl. Rohzucker
2 EL gehackte Petersilie
2 EL geschnittener Dill
2 Tomaten

Den rohen Blumenkohl in kleine Röschen teilen, Dickmilch mit Zitronensaft, Salz und Pfeffer anrühren. Die gehackte Petersilie und den feingeschnittenen Dill zugeben.
Die Blumenkohlröschen in der Marinade wenden und mit Tomatenscheiben garnieren.

Abwandlung
Statt mit Petersilie und Dill kann man den Salat auch mit je 2 EL Kresse und Schnittlauch anrichten. Er wird dann sehr viel kräftiger im Geschmack.
Oder man mischt die Blumenkohlröschen mit einigen blanchierten Broccoliröschen und gibt gehacktes, hartgekochtes Ei darüber.

Erdbeeren Orientalisch

2 kleine Ananas
400 g Erdbeeren
Crème fraîche oder saure Sahne

Ananas der Länge nach halbieren und aushöhlen. Fruchtfleisch in kleine Stücke schneiden und mit den halbierten Erdbeeren mischen. Die Ananashälften damit füllen und Crème fraîche dazu servieren.

100 g Blumenkohl enthalten
E: 2,5 g F: 0,3 g KH: 3,9 g
Energie: 22 kcal/ 94 kJ
Vitamin C: 69,8 mg
Tagesbedarf: 75 mg

Grüner Frühlingsspargel

Artischockenfrikassee Griechisch mit Kartoffelgratin

Ruths Mandelapfel- kuchen

Grüner Frühlingsspargel

500 g grüner Spargel
Salz
50 g Butter
1½ dl Sahne
1 Bund Dill
1 Bund Petersilie

Spargel waschen (das Grüne nicht abschälen) und in kleinen Portionen zusammenbinden. In kochendes Salzwasser geben und ca. 10 Minuten kochen lassen. Darauf achten, daß er nicht zu lange kocht. Butter in einer Pfanne zerlassen. 5 Eßlöffel Sahne zugeben und den Spargel vorsichtig darin wenden. Fäden entfernen, Spargel auf einer Platte anrichten und mit Butter übergießen.
Den Rest der Sahne steif schlagen und mit dem feingeschnittenen Dill und der gehackten Petersilie verrühren. Diese Sauce getrennt dazu servieren.
Der grüne Spargel enthält mehr Vitamine als der weiße, er hat sich jedoch noch nicht so durchgesetzt.

Artischockenfrikassee Griechisch

250 g Champignons
2 EL Olivenöl
Saft von ½ Zitrone
12 kleine Zwiebeln
2 Knoblauchzehen
4 Tomaten
1 Bund Petersilie
2 dl Apfelmost
1 Bouquet garni (Petersilie, Lorbeerblatt und Thymian)
2 EL Mehl
1 Dose Artischockenböden
1 Dose Artischockenherzen
1 Dose Palmenmark
10–15 Oliven
Rohzucker

Champignons in Scheiben schneiden und in Öl andünsten. Zitronensaft zugeben. Zwiebeln zusammen mit den zerdrückten Knoblauchzehen, den in Scheiben geschnittenen Tomaten und der gehackten Petersilie gleichfalls in den Topf geben. Apfelmost dazugießen und das Bouquet garni hineingeben. Alles zusammen bei schwacher Hitze ca. 30 bis 40 Minuten nur simmern lassen.

Kräuterbukett entfernen und das Frikassee mit Mehl binden. Artischockenböden und -herzen sowie das kleingeschnittene Palmenmark und die ganzen Oliven zugeben. Alles noch einmal gut durchwärmen und mit Rohzukker abschmecken.

Kartoffelgratin

750 g Kartoffeln
4 Tomaten
2 Eier
2 dl Kaffeesahne
25 g Butter
Salz

Kartoffeln schälen und in dünne Scheiben schneiden. Schichtweise in eine gefettete feuerfeste Form geben. Tomaten in Scheiben schneiden und darüberlegen.
Eier mit Kaffeesahne schaumig rühren, Butter zerlassen, leicht abkühlen lassen und in den Eierschaum einrühren. Mit Salz abschmecken und über die Kartoffeln gießen. Kartoffeln ca. 50 Minuten bei 180° C im vorgeheizten Ofen gratinieren.

Ruths Mandelapfelkuchen

150 g Butter
3 Eier
100 g Mandeln
100 g Rohzucker
50 g Mehl
2 dl Apfelmus
2 dl Sahne

Butter zerlassen und etwas abkühlen lassen, ehe man nacheinander die ganzen Eier hineinschlägt. Mandeln mit der Schale mahlen, mit Zucker und Mehl mischen und unter die Eimasse ziehen. $^2/_3$ des Teigs in eine gefettete Springform geben, das Apfelmus darauf verteilen und den restlichen Teig darübergeben. Den Apfelkuchen ca. 30 Minuten bei 200° C im vorgeheizten Ofen bakken und mit geschlagener Sahne servieren.

100 g Artischocken enthalten
E: 2,4 g F: 0,1 g KH: 12,2 g
Energie: 50 kcal/211 kJ
Phosphor: 130 mg
Tagesbedarf: 700–800 mg

Zwiebelsuppe Französisch

4–6 Zwiebeln
Öl
1 EL Mehl
1 l Gemüsebrühe
1 Lorbeerblatt
Pfeffer
4 Scheiben Toastbrot
4 EL gehobelter Emmentaler

Zwiebeln schälen, in feine Scheiben schneiden und ca. 15 Minuten in Öl dünsten. Mit Mehl bestäuben, glatt rühren und nach und nach die Gemüsebrühe zugeben. Das Lorbeerblatt in die Suppe geben. Suppe ca. 10 Minuten kochen, mit Pfeffer abschmecken und auf 4 feuerfeste Suppentassen verteilen. Toastbrot rösten und auf die Suppe legen. Gehobelten Emmentaler auf den 4 Scheiben Toast verteilen und die Suppe ca. 10 Minuten bei 200° C im vorgeheizten Ofen gratinieren.

Abwandlung
Durch leichte Abwandlung der Zutaten erreicht man immer wieder neue Geschmacksnuancen, z. B. durch Zugabe von Sahne.

Zucchiniauflauf Provenzalisch

4 Zucchini
Öl
6 in der Schale gekochte Kartoffeln
2 Knoblauchzehen
Salz
Pfeffer
6 Eier
3 EL gehackte Petersilie
3 EL gehackter Spinat
3 EL geriebener Parmesan
geriebene Muskatnuß

Die ungeschälten Zucchini grob reiben und ca. 5 Minuten in wenig Öl dünsten. Die gekochten Kartoffeln schälen, in Würfel schneiden und in eine gefettete feuerfeste Form geben. Einige Eßlöffel Öl darüber verteilen, mit den zerdrückten Knoblauchzehen, Salz und Pfeffer würzen. Bei 150° C im vorgeheizten Ofen warm halten.
Eier verquirlen, die gehackte Petersilie, geriebene Muskatnuß, gehackten Spinat und geriebenen Käse zusammen mit den gedünsteten Zucchini zugeben. Die warmen Kartoffelwürfel untermischen und das Gericht in die feuerfeste Form zurückgießen. Mit

etwas Öl beträufeln und den Auflauf etwa 25–30 Minuten bei 190° C im vorgeheizten Ofen bakken, bis die Oberfläche goldbraun ist.

Tomatensalat

4–6 Tomaten
1 Salatzwiebel
10–15 schwarze Oliven

4 EL Olivenöl
2 EL Weinessig
1 Prise Oregano
Salz, Pfeffer

Tomaten in Scheiben schneiden und in eine flache Schale legen. Die Salatzwiebel schälen, in dünne Ringe schneiden und mit den schwarzen Oliven auf den Tomaten verteilen.
Aus Olivenöl, Weinessig, Oregano, Salz und Pfeffer eine Marinade anrühren und über den Salat gießen.

Abwandlung
Man kann zu diesem Salat noch 50 g Schafskäse und etwas Zitronenmelisse geben.

Himbeertorte

3 Platten tiefgefrorener Blätterteig
2½ dl Sahne
350 g Himbeeren
4 EL Rohzucker

Blätterteig leicht antauen lassen, ausrollen und in eine mit kaltem Wasser ausgespülte Springform legen. Den Teig ca. 45 Minuten ruhen lassen, mit einer Gabel mehrfach anstechen und etwa 20 Minuten bei 200° C im vorgeheizten Ofen hellbraun backen. Sahne steif schlagen, Himbeeren und Zucker unterziehen. Die Himbeermasse auf dem gebakkenen Tortenboden verteilen und mit einigen zurückbehaltenen Beeren garnieren.

Abwandlung
Es können auch Erdbeeren oder Brombeeren unter die Sahne gehoben werden.

100 g Himbeeren enthalten
E: 1,3 g F: 0,3 g KH: 8,1 g
Energie: 36 kcal/150 kJ
Vitamin C: 25 mg
Tagesbedarf: 75 mg

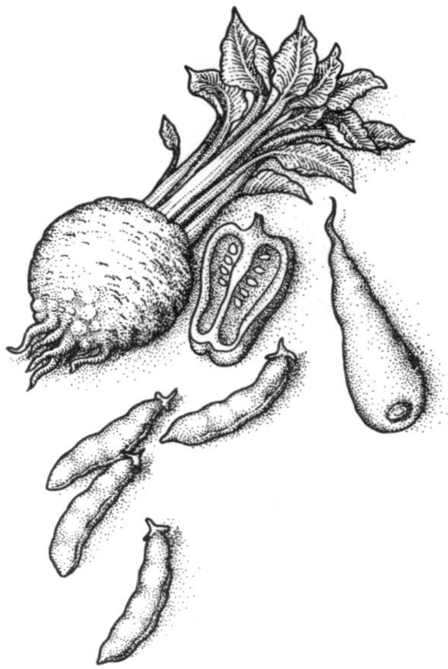

Currysuppe

1 Zwiebel
25 g Butter
1–2 TL Curry
1 große Kartoffel
1 Möhre
2 Stangensellerie
Salz
2 Gemüsebrühwürfel
1 dl Sahne
1 Bund Petersilie
1–2 große Zwiebeln
Öl
1 dl Reis

Zwiebel hacken und in Butter andünsten, Curry zugeben, einige Minuten simmern lassen.
Gemüse ganz klein würfeln und in wenig Wasser sehr weich kochen und dann pürieren. Püree mit Zwiebeln und Curry mischen und ca. 1 Liter Wasser zusetzen. Gemüsewürfel zugeben und Suppe gut durchkochen. Mit Salz abschmecken und geschlagene Sahne zugeben. Petersilie hakken und auf die Suppe streuen. Zwiebeln in Scheiben schneiden und in Öl goldbraun braten und mit dem gekochten Reis separat zur Suppe servieren.

Versteckter Blumenkohl

6 große Weißkohlblätter
1 Zwiebel
250 g Champignons
Öl
2 EL gehackte Petersilie
1 EL geschnittener Dill
Salz
1 Blumenkohl
3 EL Butter
3 EL Mehl
ca. 3 dl Gemüsewasser/Milch
15 grüne Oliven
3 Eier
100 g geriebener Emmentaler

Weißkohlblätter ca. 5 Minuten in kochendes Wasser legen, dann herausnehmen und abtropfen lassen. Eine feuerfeste Schüssel oder Pastetenform mit 4 Kohlblättern auslegen.
Zwiebel und Champignons hakken und in Öl andünsten. Einige Minuten schmoren lassen, ehe man Petersilie, Dill und Salz zugibt. Blumenkohl nur knapp gar kochen und in kleine Röschen teilen.
Aus Butter, Mehl und Flüssigkeit eine Mehlschwitze zubereiten. Die Sauce muß ziemlich dick

sein. Die Oliven in Scheiben schneiden und zugeben. Eier mit dem geriebenen Käse gut verrühren und die kleinen Blumenkohlröschen daruntermischen. Die Hälfte dieser Masse in die mit Kohlblättern ausgelegte Form geben und Zwiebel und Champignons darüber verteilen. Die andere Hälfte der Blumenkohlröschen zugeben und mit Sauce übergießen. Die Form mit Kohlblättern abdecken und Folie darüberlegen. Das Gericht etwa 40–50 Minuten bei 200° C im vorgeheizten Ofen backen.

Grüner Mairübensalat

3–4 Mairüben
Salz

1 dl fettarme Mayonnaise
½ dl Crème fraîche oder saure Sahne
3 EL Grünkohl- oder Spinatsaft
Salz

Mairüben schälen und in 1 cm dicke Stäbchen schneiden, die man in leicht gesalzenem Wasser fast gar kocht.

Mayonnaise mit Crème fraîche oder saurer Sahne und Grünkohl- oder Spinatsaft anrühren. Mit Salz abschmecken und die abgekühlten Stäbchen in der Marinade wenden.

Heidelbeerkuchen

3 Eier
50 g Rohzucker
50 g Mehl

500 g Heidelbeeren
1 EL Rohzucker
Vanille
Stärkemehl

2 dl Sahne

Eigelb und Zucker schaumig rühren. Mehl hineinsieben. Eiweiß steif schlagen und vorsichtig unter den Teig ziehen. Den Teig in 2 gut gefettete Springformen geben. Die Böden 8–10 Minuten bei 200° C im vorgeheizten Ofen hellbraun backen.
Heidelbeeren mit Zucker und Vanille in wenig Wasser kochen. Mit Stärkemehl andicken. Das Beerenmus soll ziemlich fest sein.

Die abgekühlten Tortenböden mit den Heidelbeeren zusammensetzen.
Sahne steif schlagen und auf den Kuchen geben. Man kann ihn auch mit einigen zurückbehaltenen, frischen Heidelbeeren verzieren.

100 g Mairüben enthalten
E: 1 g F: 0,2 g KH: 6,7 g
Energie: 30 kcal/127 kJ

Versteckte Artischocken

1 Dose Artischockenböden
1 Dose Artischockenherzen
1½ dl Crème fraîche oder saure Sahne
1 EL geschnittener Dill
1 EL gehackte Petersilie
2 TL französischer Senf
Salz
Pfeffer
eingemachter roter Paprika
1 hartgekochtes Ei

Artischockenböden und -herzen gut abtropfen lassen. Artischokkenherzen auf die Böden verteilen.
Crème fraîche mit den Gewürzkräutern anrühren und mit Senf, Salz und Pfeffer abschmecken. Marinade über die Artischocken gießen und mit Paprika und gehacktem Ei garnieren.

Spinatlasagne

Foto Seite 51

500 g gehackter, tiefgefrorener Spinat
1 Dose Tomaten
2 TL Basilikum
2 TL Thymian
evtl. Mehl
250 g Champignons
Öl
ca. 20 kleine oder 10 große grüne Lasagneblätter
200 g körniger Frischkäse
200 g Cheddar Käse
50 g schwarze Oliven
50 g grüne Oliven
Salz, Minze
4 EL geriebener Parmesan

Spinat in einem Topf bei nicht zu starker Hitze auftauen lassen und mehrfach wenden, bis alle Flüssigkeit verdampft ist.
Tomaten in ihrem eigenen Saft, zusammen mit Basilikum und Thymian gut durchkochen. Evtl. mit Mehl binden, da die Sauce ziemlich dick sein muß.
Champignons in etwas Öl andünsten.
In eine längliche, feuerfeste Form – evtl. auch eine große

Backform – erst eine Lage Sauce, dann eine Lage Lasagneblätter (nach Packungsaufschrift vorbereitet), den Spinat, die beiden Käsesorten, in Scheiben geschnittene Oliven und die Champignons geben. Wiederholen, bis alle Zutaten verbraucht sind. Zwischen die einzelnen Schichten etwas Salz und Minze streuen. Die oberste Schicht muß aus Sauce bestehen, die man mit dem geriebenen Parmesan bestreut. Das Gericht ca. 30 Minuten bei 200° C in den vorgeheizten Ofen geben.

Bohnenkeimsalat

1 dl Dickmilch
Salz
Pfeffer
2 Orangen
250 g frische Bohnenkeime
6 Walnüsse

Dickmilch mit Salz und Pfeffer abschmecken.
Orangen in kleine Stücke zerteilen und mit den Bohnenkeimen in dieser Marinade wenden. Mit gehackten Walnüssen bestreuen.

Erdbeersorbet

500 g Erdbeeren
50 g Rohzucker
1 dl Wasser
3 Eiweiß
50 g Mandelsplitter

Erdbeeren mit einer Gabel zerdrücken (einige Beeren zur Dekoration zurückbehalten). Zukker ca. 5 Minuten mit dem Wasser kochen und abkühlen lassen. Zuckerlösung mit dem Erdbeermus mischen, Eiweiß steif schlagen und unterziehen. Das Sorbet einige Stunden vor der Verwendung einfrieren. Wenn es halb steif ist, herausnehmen und schlagen, bis es leicht und luftig ist, wieder ins Gefrierfach stellen. Das Sorbet vor dem Servieren so rechtzeitig herausnehmen, daß es noch etwas auftauen kann. Mit frischen Erdbeeren und Mandelsplittern verzieren.

100 g Petersilie enthalten
E: 4,4 g F: 0,4 g KH: 9,8 g
Energie: 49 kcal/204 kJ
Vitamin C: 166 mg
Tagesbedarf: 75 mg

Zwiebelpfannkuchen

3 kleine Zwiebeln
Öl

3 EL Mehl
1 dl Milch
½ dl Sahne
Salz
2 Eier
1 Bund Petersilie

Zwiebeln schälen und fein hakken und in Öl andünsten. Mehl mit Milch, Sahne und Salz verrühren. Eier nacheinander unterschlagen. Aus diesem Teig kleine Pfannkuchen backen. Die gedünsteten Zwiebeln jeweils auf den Teig in der Pfanne streuen und die Pfannkuchen auf beiden Seiten goldbraun backen. Pfannkuchen zusammenrollen und mit gehackter Petersilie bestreut servieren.
Dazu kann man auch grünen Salat mit Walnußöl servieren.

Artischocken à la Barigoule

4 Artischocken
Salz
1 große Zwiebel
250 g Champignons
Thymian
Öl

4–5 Möhren
1–2 Zwiebeln
5 EL Olivenöl
2 Knoblauchzehen
1 TL Rosmarin
2 dl Gemüsebrühe
Salz
Pfeffer

Stengel und die äußersten, groben Blätter der Artischocken entfernen. Blattspitzen abschneiden und Artischocken ca. 30–40 Minuten in Salzwasser kochen. Die Artischocken herausnehmen und gut abtropfen lassen. Die obersten Blätter sowie das Heu entfernen.
Die Zwiebel schälen und hacken, die Champignons in Scheiben schneiden und mit etwas Thymian in Öl andünsten. Diese Fülle auf die 4 Artischocken verteilen.

Möhren in Streifen, Zwiebeln in Ringe schneiden. Möhrenstreifen und Zwiebelringe in Olivenöl andünsten. Die zerdrückten Knoblauchzehen und Rosmarin zugeben. Das Gemüse zugedeckt 10 Minuten dünsten lassen. Eine feuerfeste Form einfetten und das Gemüse hineingeben. Die gefüllten Artischocken auf das Gemüse setzen, mit Salz und Pfeffer bestreuen. Die Gemüsebrühe erwärmen und in die Form gießen. Mit Alufolie abdecken und ca. 30 Minuten bei 200° C in den vorgeheizten Ofen stellen. Dazu Gesundheitsstangenbrote (siehe Seite 39) servieren.

Nußtorte

4 Eier
85 g Rohzucker
75 g Haselnüsse
50 g Mandeln
1 EL Mehl
½ TL Backpulver
Paniermehl

2 dl Sahne
1 Dose Mandarinen
8 halbe Walnüsse

Eier trennen. Eigelb mit Zucker schaumig rühren. Nüsse und Mandeln mahlen und zusammen mit Mehl und Backpulver unter die Eimasse rühren. Eiweiß steif schlagen und vorsichtig unter den Teig ziehen. Teig in 3 gefettete, mit Paniermehl bestreute Springformen füllen und ca. 20 Minuten bei 180° im vorgeheizten Ofen backen. Tortenböden abkühlen lassen.
Ca. 1 Stunde vor dem Servieren die Sahne steif schlagen und die Mandarinen auf ein Sieb geben und abtropfen lassen. Die Tortenböden mit der Sahne und den Mandarinenstückchen zusammensetzen. Torte auf der Oberseite mit geschlagener Sahne, Mandarinen und Walnüssen verzieren.

100 g Haselnüsse enthalten
E: 14,1 g F: 61,6 g
KH: 13,7 g
Energie: 620 kcal/2596kJ
Vitamin B_1: 0,39 mg
Tagesbedarf: 1,4–1,6 mg

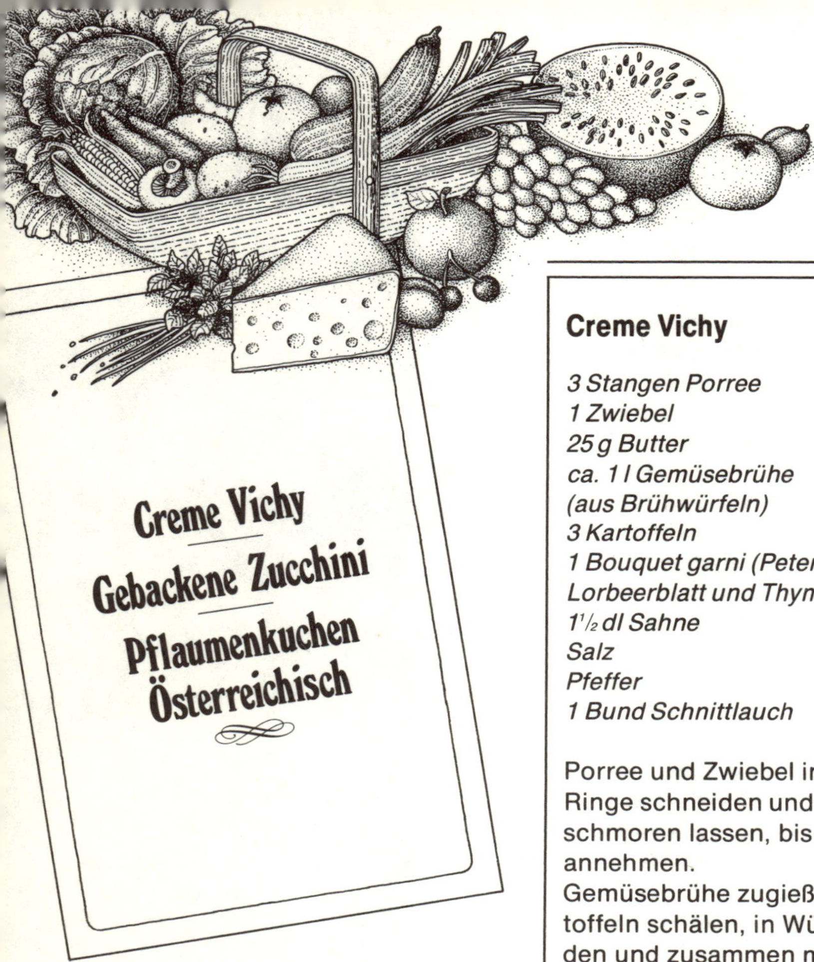

Creme Vichy

3 Stangen Porree
1 Zwiebel
25 g Butter
ca. 1 l Gemüsebrühe
(aus Brühwürfeln)
3 Kartoffeln
1 Bouquet garni (Petersilie,
Lorbeerblatt und Thymian)
1½ dl Sahne
Salz
Pfeffer
1 Bund Schnittlauch

Porree und Zwiebel in dünne Ringe schneiden und in Butter schmoren lassen, bis sie Farbe annehmen.
Gemüsebrühe zugießen. Die Kartoffeln schälen, in Würfel schneiden und zusammen mit dem Bouquet garni zugeben. Gemüse kochen, bis die Kartoffeln weich sind. Das Bouquet garni herausnehmen, dann die Suppe pürieren.
Suppe in den Topf zurückschütten, Sahne dazugeben und mit Salz und Pfeffer abschmecken.
Zum Servieren den Schnittlauch in Röllchen schneiden und die Suppe damit bestreuen.

Gebackene Zucchini

750 g kleine Zucchini
2 Zwiebeln
2 Knoblauchzehen
Öl
Salz
Pfeffer
3 EL gehackte Petersilie
2 TL Basilikum
½ Blumenkohl
3 Eier
150 g Cheddar Käse
2 dl feines Paniermehl

Zucchini in kochendes Wasser geben und ca. 4–5 Minuten kochen lassen. Der Länge nach halbieren und Kerne entfernen.
Zwiebeln hacken und mit den zerdrückten Knoblauchzehen in Öl andünsten. Salz, Pfeffer, Petersilie und Basilikum zugeben.
Blumenkohl in kleine Röschen teilen und einige Minuten in kochendes Wasser geben. Die Röschen unter die Zwiebeln mischen und etwas abkühlen lassen, ehe die verquirlten Eier untergezogen werden.
Eine feuerfeste Form gut einfetten und die halben Zucchini, gefüllt mit der Blumenkohl-Zwie-

belmasse, dicht nebeneinander hineinsetzen. Den in Scheiben geschnittenen Käse darüberlegen und mit dem gerösteten Paniermehl bedecken. Evtl. mit etwas Olivenöl beträufeln. Das Gericht ca. 30 Minuten bei 200° C im vorgeheizten Ofen backen.

Pflaumenkuchen Österreichisch

Parfait
1 Eigelb
½ Eiweiß
½ EL Rohzucker
Vanille
1 dl Sahne

200 g Mehl
¾–1 dl Maisöl
1 Prise Salz
1 EL Rohzucker
1 Eigelb
2–3 EL kaltes Wasser

300 g große Pflaumen
100 g Aprikosenmarmelade

1 dl Sahne

Eigelb und Eiweiß mit Zucker und Vanille schaumig schlagen, Sahne steif schlagen und unter die Eimasse ziehen. Die Creme in eine Schüssel gießen und am Tag vor der Verwendung einfrieren.
Aus Mehl, Öl, Salz, Zucker, Eigelb und Wasser einen Teig kneten und ca. 1 Stunde kalt stellen. Ausrollen und in eine gefettete Tortenbodenform legen. Ca. 10 Minuten bei 200° C im vorgeheizten Ofen backen.
Inzwischen die Pflaumen aufkochen, entsteinen und gut abtropfen lassen.
Wenn der Tortenboden fertig gebacken ist, mit Aprikosenmarmelade bestreichen, Pflaumen darauflegen und noch einmal ca. 5 Minuten bei 200° C in den Ofen stellen.
Das Parfait mit geschlagener Sahne zu einer weichen Masse vermengen und zur Torte servieren.

100 g Pflaumen enthalten
E: 0,6 g F: 0,2 g KH: 14,5 g
Energie: 56 kcal/233 kJ

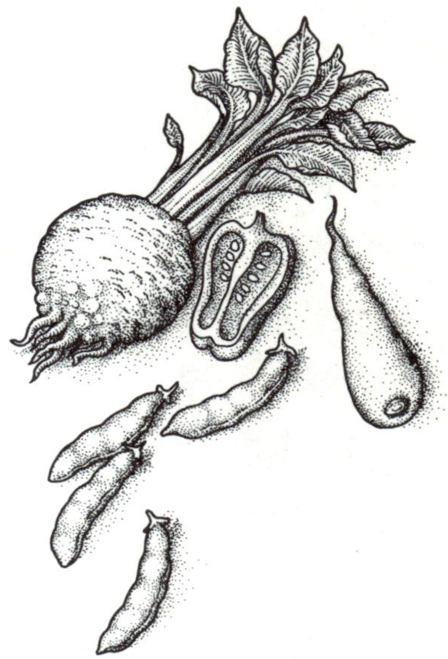

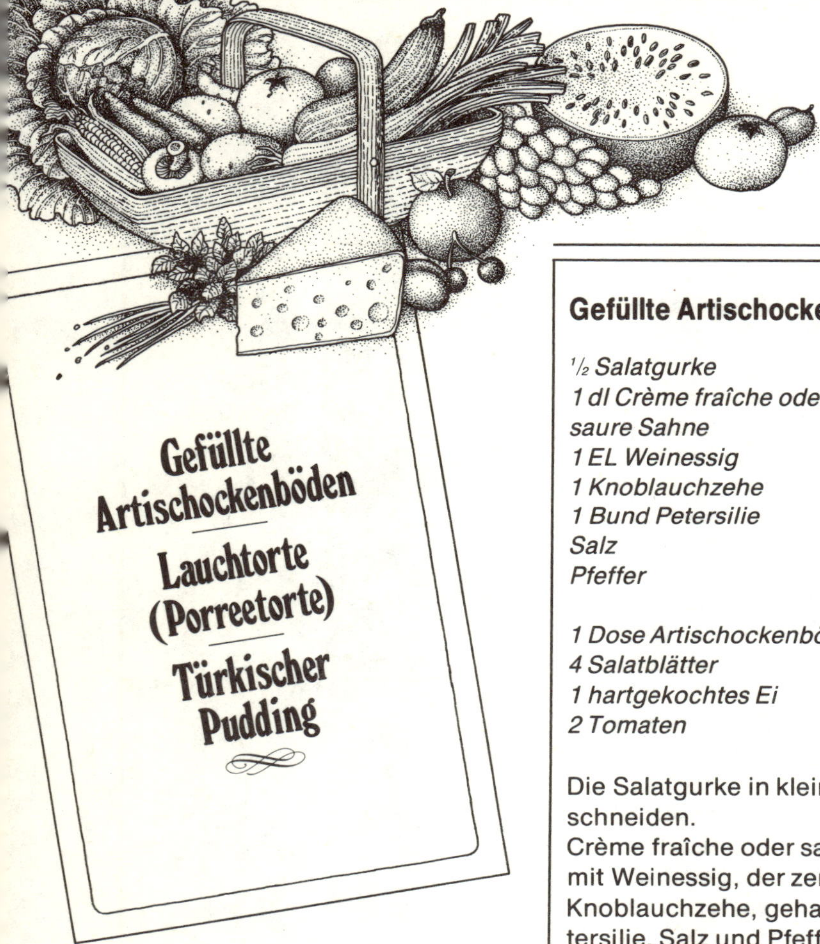

Gefüllte Artischockenböden

½ Salatgurke
1 dl Crème fraîche oder saure Sahne
1 EL Weinessig
1 Knoblauchzehe
1 Bund Petersilie
Salz
Pfeffer

1 Dose Artischockenböden
4 Salatblätter
1 hartgekochtes Ei
2 Tomaten

Die Salatgurke in kleine Würfel schneiden.
Crème fraîche oder saure Sahne mit Weinessig, der zerdrückten Knoblauchzehe, gehackter Petersilie, Salz und Pfeffer zu einem Dressing verrühren. Das Dressing mit den Gurkenwürfeln vermischen.
Die Artischockenböden auf Salatblättern auf 4 Tellern anrichten und die Füllung auf die Artischockenböden verteilen.
Das hartgekochte Ei und die Tomaten in Scheiben schneiden und die Artischockenböden damit garnieren.

Lauchtorte (Porreetorte)

100 g Weizenmehl
100 g Weizen-Vollkornmehl
150 g Butter
1 EL kaltes Wasser
1 Eigelb
1 TL Backpulver
Salz

10 schöne, kleine Stangen Porree (Lauch)
400 g Schwarzwurzeln
Wasser
Milch
3 Eier
1 Eiweiß (vom Teig)
½ dl Joghurt
½ dl Sahne
1 Bund Petersilie
Salz
Pfeffer

Mehl mischen. Butter im Mehl zerbröseln und mit dem kalten Wasser, Eigelb, Backpulver und Salz zu einem Teig verkneten. Teig ausrollen und in eine gefettete Quiche- oder Pieform legen. Mit einer Gabel mehrfach einstechen und bei 200° C im vorgeheizten Ofen goldbraun, aber

nicht ganz fertig backen. Schwarzwurzeln in halb Wasser, halb Milch gar kochen und abziehen. Porree nicht ganz weich kochen. Beide Zutaten in einem hübschen Muster auf dem Teigboden verteilen.
Eier und das einzelne Eiweiß mit Joghurt und Sahne schaumig schlagen. Die Petersilie fein hakken und daruntermischen und die Eimasse mit Salz und Pfeffer abschmecken. Eimasse auf dem Gemüse verteilen und die Torte wieder in den Ofen stellen, bis die Oberfläche goldbraun ist. Dazu grünen Salat servieren.

Türkischer Pudding

2 Scheiben Ananas
2 Birnen
2 Pfirsiche
10 grüne und rote Cocktailkirschen
15 Walnüsse
4 dl Sahne
1 EL Rohzucker
2 TL Agar-Agar

Die Früchte in kleine Stücke schneiden, die Cocktailkirschen und die Nüsse hacken.
Sahne steif schlagen und mit dem Zucker verrühren. Agar-Agar in wenig Wasser aufkochen und unter die geschlagene Sahne mischen. Wenn die Sahne steif zu werden beginnt, die Früchte unterziehen. Den Pudding in eine ausgespülte Form füllen und bis zum Anrichten einige Stunden kalt stellen.

100 g Lauch (Porree) enthalten
E: 2,2 g F: 0,3 g KH: 6,3 g
Energie: 31 kcal/128 kJ
Vitamin C: 30 mg
Tagesbedarf: 75 mg

Erbsensuppe mit Sahnemeerrettich

Pfannkuchen mit Gemüsefüllung und Gurke mit grüner Mayonnaise

---

Apfelkuchen Französisch

Erbsensuppe mit Sahnemeerrettich

1 Zwiebel
Öl
350 g grüne Erbsen
½ kleiner Blumenkohl
Thymian
1 Lorbeerblatt
2 Gemüsebrühwürfel
2½ dl Sahne
2½ dl Milch

Sahnemeerrettich
1 dl Sahne
geriebener Meerrettich

Zwiebel fein hacken und in Öl andünsten. Erbsen und Blumenkohlröschen zusammen mit ca. ¾ l Wasser, Thymian und Lorbeerblatt in einen Topf geben und weich kochen. Gemüse pürieren, Brühwürfel, Sahne und Milch zugeben. Suppe durchkochen und mit Salz abschmecken. Die restliche Sahne steif schlagen und mit Meerrettich abschmecken. Sahnemeerrettich getrennt zur Suppe servieren. Er kann evtl. auch am Tag vorher im Eiswürfelbehälter eingefroren werden.

Pfannkuchen mit Gemüsefüllung

60 g Mehl
2 dl Milch
4 Eier
2 dl Sahne
½ TL Salz

Champignon-/Selleriefüllung
2 Zwiebeln
5 EL geriebene Sellerieknolle
3 EL Butter
500 g Champignons
Zitronensaft
3 EL Mehl
ca. 2 dl Sahne
Salz
Pfeffer
50 g geriebener Parmesan

Aus den angegebenen Zutaten einen glatten Pfannkuchenteig rühren und ca. 16 sehr dünne Pfannkuchen backen.
Für die Füllung Zwiebeln fein hacken und zusammen mit dem geriebenen Sellerie in Butter andünsten. Die geschnittenen Champignons zugeben, mit Zitronensaft beträufeln und alles zusammen durchkochen, bis ein Teil der Flüssigkeit verdunstet

ist. Mit Mehl bestäuben und mit der Sahne aufgießen. Die Mehlschwitze darf nicht zu dünn sein. Mit Salz und Pfeffer abschmecken.
Einige Eßlöffel der Füllung in jeden Pfannkuchen einrollen. Eine feuerfeste Form gut einfetten und die Pfannkuchen dicht aneinander hineinlegen. Mit geriebenem Käse bestreuen und das Gericht ca. 10 Minuten bei 200° C im vorgeheizten Ofen gratinieren.

Gurke mit grüner Mayonnaise

1 große Salatgurke
250 g feine grüne Bohnen

50 g fettarme Mayonnaise
1 EL Kresse
1 EL gehackter Spinat
1 TL Estragon
1 EL Schnittlauchröllchen

Gurke der Länge und Breite nach halbieren, so daß es 4 Stücke gibt, und Kerne entfernen. Bohnen leicht kochen und in die 4 Gurkenstücke füllen. Mayonnaise mit den Kräutern anrühren und evtl. mit Salz abschmecken. Marinade über die Bohnen gießen und mit etwas Schnittlauch bestreuen.

Apfelkuchen Französisch

ca. 10 kleine Äpfel
150 g Butter
150 g Rohzucker
3 Eier
100 g Mandeln

Crème fraîche oder saure Sahne

Äpfel schälen, in kleine Stücke schneiden und in wenig Wasser fast weich kochen, zerdrücken. Das Mus in eine feuerfeste Form geben. Butter mit Zucker und Eigelb schaumig rühren. Mandeln hacken und zugeben. Eiweiß steif schlagen und vorsichtig unter den Teig ziehen. Teig über das Apfelmus gießen und den Apfelkuchen bei 200° C im vorgeheizten Ofen ca. 30 Minuten backen.
Der Nachtisch kann kalt oder warm mit Crème fraîche oder saurer Sahne serviert werden.

100 g grüne Erbsen enthalten
E: 6,6 g F: 0,5 g KH: 12,6 g
Energie: 78 kcal/327 kJ
Vitamin B_1: 0,3 mg
Tagesbedarf: 1,4–1,6 mg

Gazpacho

Spanische Tortilla mit olivengefüllten Zwiebeln

Aprikosensalat

Gazpacho

Spanische Suppe

1 Zwiebel
1 Dose Tomaten
1/2 Salatgurke
1 Paprika
3 Knoblauchzehen
10–12 schwarze Oliven
Petersilie oder Majoran
1 1/2 dl gekochter Reis
ca. 1 l kalte Gemüsebrühe
Salz
Pfeffer

Gemüse in kleine Würfel schneiden und zuammen mit dem Saft der Tomaten, den zerdrückten Knoblauchzehen sowie den restlichen Zutaten unter die Gemüsebrühe mischen. Mit Salz und Pfeffer abschmecken und die Suppe eiskalt servieren.

Spanische Tortilla

150 g Sojanudeln
1 grüner Paprika
1 roter Paprika
5 Eier
10 EL Sahne
50 g geriebener Gouda
geriebene Muskatnuß
Salz
Pfeffer
4 gekochte Kartoffeln
Öl

3 Tomaten
50 g geriebener milder Käse
5 EL Sahne
1 Bund Schnittlauch

Sojanudeln weich kochen, mit kaltem Wasser abschrecken und in kleine Stücke schneiden. Paprika in Streifen schneiden und unter die Nudeln mischen. Eier mit Sahne, Gouda und Gewürzen schaumig rühren. Nudeln, Paprika und die in Stäbchen geschnittenen Kartoffeln unter die Eimasse mischen. Tortilla wie einen Eierkuchen in etwas Öl in der Pfanne backen. Wenn sie auf beiden Seiten goldbraun ist, in eine feuerfeste Form legen.

Tomaten in Scheiben schneiden und auf die Tortilla verteilen. Den geriebenen Käse mit der Sahne verrühren und über die Tomaten geben. Die Tortilla bei 200° C im vorgeheizten Ofen überbacken, bis der Käse goldbraun ist.
Vor dem Anrichten mit Schnittlauchröllchen bestreuen.

Olivengefüllte Zwiebeln

4 große, milde Zwiebeln
2 EL gehackte Petersilie
1 zerdrückte Knoblauchzehe
1 EL gehackte Kapern
10 feingehackte Oliven
3 EL feingehackte Champignons
2 EL zerbröseltes, trockenes Stangenweißbrot
3 EL Öl

Zwiebeln ca. 5 Minuten kochen, schälen und aushöhlen. Ein wenig von dem Zwiebelfleisch hakken und mit den übrigen Zutaten vermischen. Füllung in die Zwiebeln geben, diese in eine gefettete Form legen, mit etwas Öl beträufeln und ca. 40 Minuten bei 175° C im vorgeheizten Ofen gratinieren.

Aprikosensalat

1 Dose Aprikosen
2 Kiwis
2 Bananen
2 dl Sahne
25 g Mandeln

Aprikosen in kleine Stücke schneiden. Kiwis und Bananen schälen und in Scheiben schneiden. Früchte mischen und unter die steifgeschlagene Sahne ziehen. Salat mit gehackten, gerösteten Mandeln bestreuen.
Im Sommer sollte man frische Aprikosen verwenden. Dafür dünstet man 500 g Aprikosen mit 75 g Rohzucker in wenig Wasser, bis sie gar sind.

100 g Aprikosen enthalten
E: 0,9 g F: 0,1 g KH: 12,3 g
Energie: 48 kcal/202 kJ
Kalium: 278 mg
Tagesbedarf: 2000–3000 mg

Tarata

Griechische Suppe

2 grüne Paprika
1 Aubergine
Olivenöl
3/4 l Joghurt
Salz
Pfeffer
1 Prise Cayennepfeffer
1 Prise Minze
2 Knoblauchzehen

Paprika in kleine Würfel schneiden. Aubergine halbieren, Kerne entfernen, in kleine Stücke schneiden und in Öl dünsten, ohne sie braun werden zu lassen. Wenn die Stückchen weich genug sind, pürieren. Das Püree mit Joghurt und den Paprikawürfeln mischen und mit Salz, Pfeffer, Cayennepfeffer und Minze sowie den zerdrückten Knoblauchzehen abschmecken.
Die Suppe eiskalt servieren.

Champignontorte

ca. 150 g Weizenmehl
50 g Weizen-Vollkornmehl
75 g Butter
Salz
1 kleines Ei
3 EL Sahne

2 EL Butter
1 Zwiebel
2 Möhren
2 Stangensellerie
500 g Champignons
Saft von 1/2 Zitrone
1 Knoblauchzehe
1 Prise Paprika
2 EL Mehl
ca. 3 dl warme Milch
80 g geriebener Parmesan
Salz
Pfeffer
Brunnenkresse

Aus Mehl, Vollkornmehl, Butter, Salz, Ei und Sahne einen Teig kneten. Zu einer Kugel formen und ca. 1 Stunde kalt stellen, danach ausrollen und in eine gefettete Quiche- oder Pieform legen. Teig mit einer Gabel mehrfach einstechen und bei 200° C im vorgeheizten Ofen backen, bis er

goldbraun, aber noch nicht ganz durchgebacken ist.
Butter in einem Topf zerlassen. Die Zwiebel schälen, in Ringe schneiden, die Möhren raspeln, den Stangensellerie und die Champignons in Scheiben schneiden und mit Zitronensaft beträufeln, die durchgepreßte Knoblauchzehe zugeben und Paprika darüberstreuen. Das Gemüse in der Butter glasig dünsten, dann mit Mehl bestäuben, mit der warmen Milch aufgießen und zum Kochen bringen. Die Sauce ca. 20 Minuten simmern lassen, ehe man die Hälfte des geriebenen Käses zugibt. Mit Salz und Pfeffer abschmecken. Sauce auf den Teig gießen und mit dem restlichen Käse bestreuen.
Torte ca. 10 Minuten bei 220°C im vorgeheizten Ofen backen, bis der Käse goldbraun wird.
Vor dem Anrichten mit reichlich Brunnenkresse bestreuen.

Abwandlung
Man kann die Champignons auch durch andere Pilze, z. B. Egerlinge oder auch Steinpilze oder Maronen ersetzen.

Gefüllte Orangen

4 Orangen
1 EL Rohzucker
1 Eigelb
2 dl Sahne

Von den Orangen einen Deckel abschneiden und das Fruchtfleisch vorsichtig aus der Schale entfernen; Orangensaft auffangen.
Zucker und Eigelb schaumig schlagen. Sahne steif schlagen und Eimasse sowie den Orangensaft unterziehen. Einfrieren.
Vor dem Servieren Eis leicht auftauen und in die ausgehöhlten Orangen füllen und den Deckel wieder aufsetzen.

100 g Orangen enthalten
E: 1 g F: 0,2 g KH: 12 g
Energie: 48 kcal/202 kJ
Vitamin C: 50 mg
Tagesbedarf: 75 mg

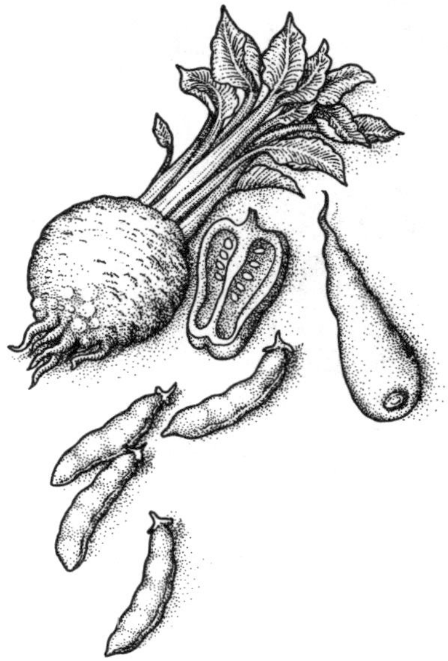

Honigmelone
Fettucine Sizilianisch
Ananas mit Gorgonzola

Honigmelone

2 kleine Honigmelonen

Melonen quer durchschneiden und Kerne entfernen. Die Hälfte des Fruchtfleisches mit einem Löffel oder mit einem Kartoffelausstecher auslösen und die Melonen einige Stunden kalt stellen, ehe sie verwendet werden. Zusammen mit zerschlagenem Eis servieren.

Es gibt drei Gruppen von Honig- oder Zuckermelonen, die sich in Farbe der Schale und des Fruchtfleisches und in der Form unterscheiden.

Netzmelonen haben ein netzartiges Muster auf der Schale und ein gelblich-grünes Fruchtfleisch.

Glatte Melonen haben eine relativ weiche, glatte Schale und ein blaßgrünes Fruchtfleisch. Die glatten Melonen sind die eigentlichen Honigmelonen.

Kantaloupe-Melonen haben eine warzige, gerippte Schale und ein orangefarbenes Fruchtfleisch.

Eine beliebte neue Variante ist die Ogen-Melone, die aus Israel stammt.

Fettuccine Sizilianisch

3–4 Auberginen
Öl
4 Stangensellerie
15–20 Oliven
1 EL Kapern
1 Bund Petersilie
Salz
Pfeffer

1 große Zwiebel
4 EL Öl
4 EL Essig
1 EL Rohzucker
½ dl Tomatenmark
1½ dl Gemüsebrühe

300 g Fettuccine (Bandnudeln)
Salz
geriebener Parmesan

Auberginen in kleine Würfel schneiden und in Öl andünsten. Stangensellerie in dünne Scheiben schneiden und zu den Auberginen geben. Gemüse ca. 10 Minuten simmern lassen. Oliven entkernen und in Scheiben schneiden; die Petersilie hacken. Oliven, Kapern und gehackte Petersilie zum Gemüse geben. Mit etwas Salz und Pfeffer würzen.

Für die Sauce: Zwiebel schälen und hacken und in Öl dünsten. Essig, Zucker, Tomatenmark und Gemüsebrühe zugeben und die Sauce bei schwacher Hitze ca. 15 Minuten kochen lassen. Dann die Sauce über das gut durchgewärmte Gemüse gießen. Fettuccine ca. 12 Minuten in reichlich Salzwasser kochen. Sofort mit geriebenem Parmesan bestreut servieren. Gemüsesauce getrennt dazu reichen.

Abwandlung
Man kann auch grüne und weiße Fettuccine mischen, dann wird dieses Gericht noch bunter.

Ananas mit Gorgonzola

50 g Mandeln
blaue Trauben
4 Scheiben frische Ananas
150 g Gorgonzola
4 Salatblätter

Mandeln mit kochendem Wasser überbrühen, abziehen und hacken. Trauben halbieren und die Kerne entfernen. Gorgonzola auf den Ananasscheiben verteilen und mit gehackten Mandeln bestreuen. Ananasscheiben auf je 1 Salatblatt anrichten und mit den halbierten, entkernten Trauben garnieren.

100 g süße Mandeln enthalten
E: 18,3 g F: 54,1 g KH: 16 g
Energie: 582 kcal/2433 kJ
Vitamin B_2: 0,62 mg
Tagesbedarf: 1,8–2,0 mg

Eier Sizilianisch

1 Zwiebel
2 zerdrückte Knoblauchzehen
Öl
100 g Bohnen
100 g Erbsen
½ Dose Tomaten
1 dl Sahne
1 Bund Petersilie
Salz, Pfeffer
4 Eier
½ grüner Paprika

Zwiebel hacken und zusammen mit den zerdrückten Knoblauchzehen in Öl andünsten. Bohnen klein schneiden und mit den Erbsen kurz aufkochen lassen. Bohnen, Erbsen und Tomaten mit den Zwiebeln mischen. Sahne mit etwas Tomatensaft anrühren. Petersilie hacken und dazugeben. Mit Salz und Pfeffer abschmecken und das Gemüse daruntermischen.
Die Mischung auf 4 feuerfeste Schalen verteilen. In jede Schale 1 Ei schlagen und mit dünnen Paprikastreifen garnieren. Schalen bei 175° C in den vorgeheizten Ofen geben, bis die Eier fest geworden sind.

Gefüllte Sellerieknollen mit Zwiebelsauce

2 kleine Sellerieknollen
2 gekochte Möhren
2 Scheiben Stangenweißbrot
ca. 2 dl Milch
25 g Butter
2 Eier
Salz
4 dicke Scheiben milden Käse

Zwiebelsauce
3 Zwiebeln
30 g Butter
4 EL Mehl
ca. 4 dl Selleriewasser/Milch
Salz

Sellerieknollen schälen, quer durchschneiden und fast weich kochen, aushöhlen.
Folgende Füllung zubereiten: Einen Teil des Selleriefleisches und die gekochten Möhren klein hacken. Weißbrot in Milch einweichen und mit der Butter gut durchkochen. Die Masse darf nicht zu dünn werden. Topf vom Herd nehmen und Eigelb, gehacktes Gemüse und Salz zugeben. Eiweiß steif schlagen und unterziehen.

Die Selleriehälften in eine gefettete feuerfeste Form legen und die Möhrenmasse einfüllen. Sellerie ca. 20 Minuten bei 175° C im vorgeheizten Ofen gratinieren.
5 Minuten vor Ablauf der Backzeit 1 Scheibe Käse auf jede Selleriehälfte legen.
Für die Sauce Zwiebeln hacken und in der Butter bräunen. Mehl mit etwas Selleriewasser anrühren und mit dem Rest der Flüssigkeit über die Zwiebeln gießen. Sauce durchkochen und mit Salz abschmecken.

Gebackene Kräuterkartoffeln

4 große Kartoffeln
(zum Backen)
Öl

30 g Danablue Käse
2 EL Joghurt
2 EL Magerquark
1 TL Kümmel
½ TL Paprika
Salz
1 EL Kräutermischung (aus gehackter Petersilie, Schnittlauchröllchen und gehacktem Basilikum)

Kartoffeln kreuzweise einschneiden, mit Öl bepinseln, in Folie einwickeln und ca. 40–50 Minuten bei 200° C im vorgeheizten Ofen backen.
Danablue mit einer Gabel zerdrücken und den übrigen Zutaten verrühren.
Wenn die Kartoffeln weich sind, aufdrücken und 1 gehäuften Eßlöffel Kräuterfüllung in jede Kartoffel geben.

Kiwis in Gelee

2½ TL Agar-Agar
½ l Apfelmost
250 g weiße Trauben
3 Kiwis

Crème fraîche oder saure Sahne

Agar-Agar mit etwas Apfelmost aufkochen lassen und dann den restlichen Apfelmost dazugeben. Wenn das Gelee steif zu werden beginnt, ein Drittel davon in eine ausgespülte Randform gießen und die halbierten Trauben darauf verteilen. Nochmals etwas Gelee aufgießen und darauf die in Scheiben geschnittenen Kiwis legen. Die Form mit dem Rest des Gelees auffüllen und einige Stunden kalt stellen.
Zum Anrichten den Rand auf eine Platte stürzen und dazu Crème fraîche servieren.

100 g Kartoffeln enthalten
E: 2,1 g F: 0,1 g KH: 18,5 g
Energie: 81 kcal/340 kJ
Vitamin C: 17 mg
Tagesbedarf: 75 mg

Artischockenböden Strawinsky

Geröstete Kastanien

Käsetorte

Artischockenböden Strawinsky

1 Dose Artischockenböden

150 g Champignons
Butter
1 EL Zitronensaft
2 EL Mehl
1½ dl Sahne
1 Knoblauchzehe
Salz

2 EL gehackte Petersilie

Die Artischockenböden abgießen und abtropfen lassen.
Stiele der Champignons entfernen, klein hacken und im Ofen trocknen. Champignonköpfe fein schneiden und in Butter andünsten. Mit etwas Zitronensaft beträufeln, mit Mehl bestäuben und zusammen mit der Sahne eine dicke Sauce zubereiten.
Falls die Sauce zu dick ist, etwas von dem Wasser der Artischockenböden zugeben. Mit der durchgepreßten Knoblauchzehe und Salz abschmecken.
Die Champignonsauce in die abgetropften Artischockenböden füllen, die getrockneten Champignonstiele mahlen und darüberstreuen.
Ca. 5–10 Minuten bei 200° C im vorgeheizten Ofen gratinieren und vor dem Anrichten mit gehackter Petersilie bestreuen.

Geröstete Kastanien

1 kg Eßkastanien (Maroni)
grobes Salz
Butter

Kastanien am spitzen Ende mit einem scharfen Messer kreuzweise einschneiden. Eine feuerfeste Form mit einer dicken Lage Salz füllen und die Kastanien in Reihen nebeneinander hineinsetzen. Die Form bei 200° C in den vorgeheizten Ofen schieben und die Kastanien ca. 30–40 Minuten rösten. Die Kastanien nicht zu lange rösten lassen, da sie sonst austrocknen.
Kastanien sofort mit Butter und grobem Salz servieren.

Käsetorte

100 g Butter
200 g Mehl
200 g geriebener Emmentaler
7–8 EL Kaffeesahne
1 Ei (davon ½ Ei zum Bestreichen)
2 EL grobgehackte Mandeln

Käsecreme
100 g Schmelzkäse (30%)
100 g Danablue Käse
½ dl Kaffeesahne

blaue oder weiße Trauben
1 Bund Radieschen

Butter in das Mehl schneiden. Den geriebenen Käse untermischen und den Teig rasch mit der Kaffeesahne und dem halben Ei zusammenkneten. Teig ca. 1 Stunde kalt stellen, ehe man ihn ausrollt und ihn in 3 gefettete Springformen gibt. Einen der Böden mit dem restlichen Ei bepinseln und den gehackten Mandeln bestreuen. Die Böden ca. 20 Minuten bei 200° C im vorgeheizten Ofen backen, bis sie hellbraun sind. Für die Creme Schmelzkäse und Danablue mit der Kaffeesahne verrühren.

Trauben halbieren und entkernen. Wenn die Böden abgekühlt sind, mit der Käsecreme und halbierten, entkernten Trauben zusammensetzen, so daß der mit Mandeln bestreute Boden die oberste Schicht bildet.
Die Torte mit halbierten, entkernten blauen und weißen Trauben und den Radieschen garnieren.

100 g Eßkastanien enthalten
E: 2,9 g F: 1,9 g KH: 42,8 g
Energie: 200 kcal/839 kJ
Vitamin B_1: 0,2 mg
Tagesbedarf: 1,4–1,6 mg

Minestrone

Foto Seite 85

2 Möhren
1 Stange Porree
2 Frühlingszwiebeln
1 Stangensellerie
100 g feine grüne Bohnen
100 g Kartoffeln
100 g Weißkohl
100 g frische weiße Bohnen
25 g Butter
ca. 1 l Gemüsebrühe
1 Dose Tomaten
100 g Hörnchennudeln
1 Bund Petersilie
Basilikum
2 Knoblauchzehen
Salz
Pfeffer

Gemüse ganz klein schneiden. Butter zerlassen und alles zusammen einige Minuten andünsten. Gemüsebrühe und die Tomaten mit dem Saft zugeben. Nudeln hineingeben, Suppe ca. 20 Minuten kochen, dann gehackte Petersilie, Basilikum und die zerdrückten Knoblauchzehen dazugeben. Suppe noch einige Minuten kochen lassen und mit Salz und Pfeffer abschmecken.

Pizza mit Artischockenherzen

2½ dl lauwarmes Wasser
25 g Hefe
2 TL Salz
½ dl Öl
150 g Weizen-Vollkornmehl
ca. 350 g Weizenmehl

1 Dose Artischockenherzen
4 hartgekochte Eier
4 Tomaten
200 g Champignons
Öl

3 Knoblauchzehen
1½ TL Rosmarin
1½ TL Oregano
1½ TL Basilikum
2 dl Tomatenmark
5 EL Öl
350 g Mozzarella Käse

Hefe mit lauwarmem Wasser anrühren. Salz, Öl, Weizen-Vollkornmehl und soviel Weizenmehl, wie der Teig aufnehmen kann, zugeben. Teig gut durchkneten und an einem warmen Ort ca. 1 Stunde gehen lassen.
Teig mehrmals auf den Tisch fallen lassen, in 4 gleich große Teile ausrollen, die man in gefettete

Springformen legt und nochmals ca. 30 Minuten gehen läßt. Artischockenherzen durchschneiden, Eier und Tomaten in Scheiben schneiden, Champignons halbieren und einige Minuten in Öl andünsten. Knoblauchzehen zerdrücken und unter die Gewürze mischen. Tomatenmark mit Öl verrühren und auf den aufgegangenen Pizzaböden verteilen. Die Zutaten für den Belag in einem hübschen Muster darauf anordnen, die Gewürzmischung darübergeben und mit dünnen Scheiben Mozzarella Käse belegen. Evtl. noch mit etwas Öl beträufeln.
Pizza ca. 20 Minuten bei 220° C im vorgeheizten Ofen backen.

Ananascreme

2 Eigelb
4 EL Rohzucker, Vanille
1 dl Milch
1½ TL Agar-Agar
1 dl Ananassaft
1½ dl Sahne
4 Scheiben Ananas
4 Cocktailkirschen

Eigelb mit Zucker und Vanille schaumig rühren. Milch mit Agar-Agar aufkochen lassen und unter kräftigem Rühren in die Eimasse gießen. Topf auf den Herd zurückstellen und bis zum Siedepunkt erhitzen. Vom Feuer nehmen und Ananassaft dazugießen. Creme rühren, bis sie etwas abgekühlt ist, dann Sahne steif schlagen und zugeben. Creme in 4 Portionsgläser füllen. Die mit Cocktailkirschen verzierten Ananasscheiben darauflegen.

100 g weiße Bohnen enthalten
E: 21,3 g F: 1,6 g KH: 57,6 g
Energie: 322 kcal/1347 kJ
Vitamin B_1: 0,46 mg
Tagesbedarf: 1,4–1,6 mg

Überbackener Spargeltoast

Gemüsetopf Neapel und Spagetti mit Italienischer Sauce

Pfirsichkuchen mit Quarkcreme

Überbackener Spargeltoast

4 Scheiben Cheddar-Käsebrot (siehe Seite 130)
250 g langer Spargel
Thymian
4 dicke Scheiben Emmentaler

Brot leicht rösten und mit Butter bestreichen.
Frischen Spargel schälen und ca. 15 Minuten kochen. Spargel abtropfen lassen und auf die 4 Brotscheiben verteilen. Mit Thymian bestreuen und mit 1 Scheibe Käse belegen.
Die Brote ca. 10 Minuten bei 200° C im vorgeheizten Ofen gratinieren.

Gemüsetopf Neapel

4 Stangensellerie
2 Zwiebeln
1 Blumenkohl
2 grüne Paprika
1 roter Paprika
300 g Champignons
3 Knoblauchzehen
½ dl Olivenöl
½ dl Tomatenmark
1 dl Apfelmost
1 TL Basilikum
1 Bund Petersilie
10 grüne Oliven
10 schwarze Oliven
4 hartgekochte Eier

Gemüse hacken oder in Scheiben schneiden. Blumenkohl in Röschen aufteilen, Champignons ganz verwenden. Alles mit den zerdrückten Knoblauchzehen ca. 5 Minuten in Öl anschwitzen. Tomatenmark und Apfelmost mit dem Basilikum zugeben und das Gemüse ca. 30 Minuten bei schwacher Hitze simmern lassen. Zuletzt die gehackte Petersilie und die Oliven zusetzen. Das Gemüse auf einer Platte mit den geviertelten, hartgekochten Eiern anrichten.

Spaghetti mit Italienischer Sauce

Italienische Sauce
1 Knoblauchzehe
1 EL Basilikum
1 Bund Petersilie
6 Walnüsse
4 EL geriebener Parmesan
1 Prise Pfeffer
1 dl Olivenöl

250 g grüne Spaghetti
Butter
geriebener Parmesan

Knoblauchzehe zerdrücken, Basilikum fein schneiden, Petersilie und Nüsse hacken. Alles mit Parmesan und Pfeffer im Öl verrühren, bis eine glatte Sauce entsteht.
Spaghetti in 3 l kochendes Salzwasser geben und ca. 12 Minuten kochen lassen. Abgießen, mit kochendem Wasser übergießen.
Spaghetti in einer Schüssel anrichten. Sauce darübergießen und einige Butterflöckchen aufsetzen.
Dazu geriebenen Parmesan servieren.

Pfirsichkuchen mit Quarkcreme

150 g Mehl
50 g Butter
40 g Rohzucker
1 Ei

Quarkcreme
200 g Magerquark
1 dl Crème fraîche oder saure Sahne
80 g Rohzucker

1 Dose Pfirsiche

1 dl Sahne

Mehl, Butter, Zucker und Ei zu einem Teig zusammenkneten und 1 Stunde kalt stellen, ehe er ausgerollt und in eine gefettete Springform gelegt wird. Einen ca. 2 cm hohen Rand formen.
Kuchenboden ca. 30 Minuten bei 200° C im vorgeheizten Ofen backen.
Quark und Crème fraîche mit Zucker zu einer Creme verrühren und auf dem abgekühlten Kuchenboden verteilen.
Die gut abgetropften Pfirsichhälften mit der runden Seite nach oben auf die Creme legen. Sahne steif schlagen und rund um den Kuchen spritzen.

Abwandlung
Dieses Dessert schmeckt auch sehr gut mit frischen Erdbeeren.

100 g Spargel enthalten
E: 1,9 g F: 0,1 g KH: 2,9 g
Energie: 18 kcal/74 kJ
Magnesium: 20 mg
Tagesbedarf: 220–260 mg

Chlodnik

Nußbraten mit pikantem Rotkohlsalat

Fruchtsalat mit Käse

Chlodnik

Polnische Suppe

4 Rote Beten
1 Zucchini
½ Salatgurke
1½ dl Crème fraîche oder saure Sahne
1 EL Schnittlauch, in Röllchen geschnitten
1 EL geschnittener Dill
Salz
Pfeffer
2 hartgekochte Eier

Die Roten Beten schälen und in ca. ¾ l Wasser weich kochen, abgießen und das Gemüsewasser zur Seite stellen. Rote Beten pürieren und wieder in das kochende Wasser zurückgeben. Zucchini und Gurke in sehr kleine Würfel schneiden und mit Crème fraîche oder saurer Sahne in die Suppe geben.
Mit Schnittlauch, Dill, Salz und Pfeffer abschmecken. Eier in Scheiben schneiden und vorsichtig unter die Suppe mischen. Als Dekoration einige Eierscheiben auf die Suppe legen und mit etwas feingeschnittenem Schnittlauch bestreuen.

Nußbraten

125 g Reis
¼ Sellerieknolle
100 g Paniermehl
¾ dl Gemüsesaft
1 dl Sahne
150 g Haselnüsse
1 Bund Petersilie
1 Zwiebel, 1 EL Basilikum
3 Eier, Salz

Reis und Sellerie getrennt weich kochen. Paniermehl in Gemüsesaft und Sahne einweichen. Sellerie pürieren und mit Reis und eingeweichtem Paniermehl mischen. Die gemahlenen Haselnüsse, die gehackte Petersilie und die gehackte Zwiebel mit dem Basilikum dazugeben. Die Eigelb nacheinander einrühren und mit Salz abschmecken. Eiweiß steif schlagen und vorsichtig unterziehen. Den Nußbraten in eine längliche, feuerfeste, mit gut gefetteter Folie ausgelegte Form geben und ca. 45 Minuten bei 200° C im vorgeheizten Ofen backen.

Gebackene Grapefruits (siehe Seite 43)

Pikanter Rotkohlsalat

1 Apfel
1 Orange
3 dl feingeschnittener Rotkohl
1 dl Rosinen

1 dl Orangensaft
½ TL Senfpulver
2 EL Öl
Honig
Salz
Pfeffer

Apfel und Orange in kleine Stücke schneiden und den Rotkohl ebenfalls sehr fein schneiden. Apfel, Orange, Rotkohl und Rosinen mischen.
Aus Orangensaft, Senfpulver und Öl eine Marinade anrühren. Mit Honig, Salz und Pfeffer abschmecken und über den Salat gießen.
Zu Nußbraten und Rotkohlsalat kann man gebackene Kartoffeln reichen.

Fruchtsalat mit Käse

200 g Emmentaler
100 g Danablue Käse
2 Kiwis
2 Birnen
2 Scheiben Ananas

1 dl Joghurt
½ dl Sahne
2 EL Tomatenmark
1 EL Zitronensaft
Rohzucker, Salz
blaue und weiße Weintrauben

Käse in kleine Würfel, Kiwis in Scheiben und das übrige Obst in kleine Stücke schneiden. Joghurt mit geschlagener Sahne, Tomatenmark und Zitronensaft verrühren. Mit Rohzucker und Salz abschmecken.
Käse und Obst in der Marinade wenden und den Salat mit halbierten, entkernten Weintrauben garnieren.

100 g Rotkohl enthalten
E: 1,5 g F: 0,2 g KH: 4,8 g
Energie: 22 kcal/93 kJ
Vitamin C: 50 mg
Tagesbedarf: 75 mg

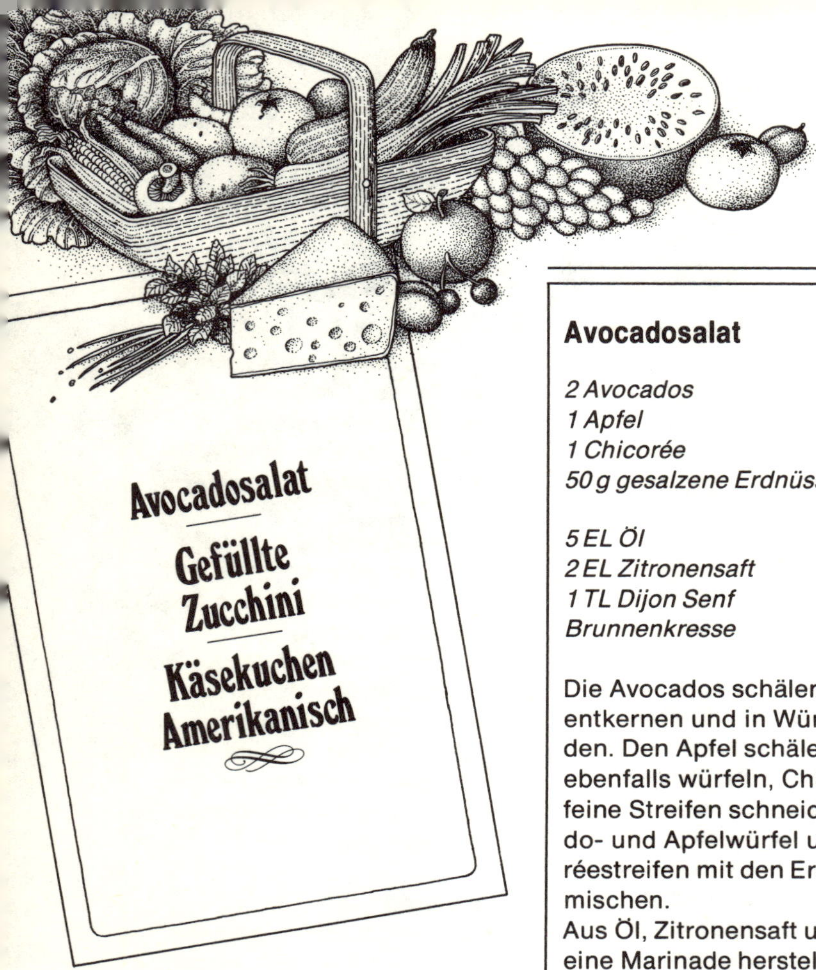

Avocadosalat

2 Avocados
1 Apfel
1 Chicorée
50 g gesalzene Erdnüsse

5 EL Öl
2 EL Zitronensaft
1 TL Dijon Senf
Brunnenkresse

Die Avocados schälen, halbieren, entkernen und in Würfel schneiden. Den Apfel schälen und ebenfalls würfeln, Chicorée in feine Streifen schneiden. Avocado- und Apfelwürfel und Chicoréestreifen mit den Erdnüssen mischen.
Aus Öl, Zitronensaft und Senf eine Marinade herstellen und sofort über den Salat gießen, damit sich Avocado- und Apfelwürfel nicht verfärben.
Salat portionsweise anrichten und mit Brunnenkresse garnieren.

Abwandlung
Wenn keine Brunnenkresse auf dem Markt ist, kann man auch Gartenkresse verwenden.

Gefüllte Zucchini

4 Zucchini
1 Zwiebel
350 g Champignons
Öl
2½ dl Sahne
1 Dose Tomaten
evtl. 1 TL Stärkemehl
Oregano
Salz
Pfeffer
4 Scheiben Emmentaler

Zucchini in kochendes Wasser geben und ca. 4–5 Minuten kochen lassen. Der Länge nach halbieren, und die Kerne entfernen. Zwiebel schälen und hacken, Champignons in Scheiben schneiden und beides in Öl dünsten, bis die Zwiebel glasig ist. Sahne zugießen und die Masse bei schwacher Hitze einkochen lassen, bis die Sauce dick zu werden beginnt. Tomaten gut abtropfen lassen, in kleine Stücke schneiden und in die Sauce geben. Ist die Sauce zu dünn, mit Stärkemehl binden. Mit Oregano, Salz und Pfeffer abschmecken. Sauce in die ausgehöhlten Zucchini füllen, diese in eine gefette-

te feuerfeste Form stellen und ca. 45 Minuten bei 200° C im vorgeheizten Ofen garen. 10 Minuten vor Ablauf der Backzeit jeweils 1 Scheibe Käse auf die Zucchini legen.
Dazu Mini-Grahamstangenbrote servieren.

Abwandlung
Auch Paprika können auf diese Weise gefüllt werden.

Mini-Grahamstangenbrote

6 dl Magermilch
50 g Hefe
2½ EL Öl
2 TL Salz
300 g Weizen-Vollkornmehl (Grahammehl)
ca. 700 g Weizenmehl

1 Ei

Milch anwärmen, bis sie handwarm ist, und Hefe darin auflösen. Die übrigen Zutaten hineingeben und den Teig gut durchkneten. Teig an einem warmen Ort 1 Stunde gehen lassen.
Teig mehrmals auf den Tisch fallen lassen und wieder durchkneten. 18 Stangenbrote von 12–14 cm Länge formen. Die Brote noch einmal ½ Stunde gehen lassen; dann einritzen, mit dem verquirlten Ei bepinseln und ca. 30 Minuten bei 225° C im vorgeheizten Ofen backen.

Käsekuchen Amerikanisch

15 Grahamkekse (Vollkornkekse)
80 g Rohzucker
1 TL Zimt
80 g Butter

2 Eier
80 g Rohzucker
2½ dl Crème fraîche oder saure Sahne
150 g Schmelzkäse (30%)
2 EL zerlassene Butter

250 g Erdbeeren

Kekse im Mörser oder Mixer zerstoßen und mit Zucker und Zimt verrühren. Butter zerlassen und daruntermischen.
Eine Springform gut mit Butter ausstreichen und die Masse fest auf Boden und Rand drücken. Form in den Kühlschrank stellen. Inzwischen den Belag zubereiten: Ei, Zucker, Crème fraîche, Schmelzkäse und zerlassene Butter gut verrühren, am besten im Mixer, und in die Springform geben.
Den Käsekuchen ca. 30 Minuten bei 175° C im vorgeheizten Ofen backen. Er darf nicht braun werden. Rand vorsichtig von der Springform lösen und den Kuchen abkühlen lassen. Am besten wird er, wenn er sich bis zum nächsten Tag im Kühlschrank »setzen« kann.
Käsekuchen vor dem Anrichten mit Erdbeeren verzieren.

Abwandlung
Sehr gut zum Kuchen schmekken aber auch Pfirsiche, Birnen, Pflaumen oder andere Früchte.

100 g Avocado enthalten
E: 1,9 g F: 23,5 g KH: 3,4 g
Energie: 215 kcal/901 kJ
Vitamin B_6: 0,53 mg
Tagesbedarf: 1,6–1,8 mg

Grillen ohne Fleisch

Grillen ist für die meisten Menschen gleichbedeutend mit Fleisch. Es ist aber auch durchaus möglich, leckere und interessante Grillgerichte mit Gemüse und Obst zu servieren. Hier ist in erster Linie an das Grillen im Freien gedacht, doch kann man auch das Grillgerät in der Küche benutzen.

Kartoffeln

Mit Öl bepinseln und in doppelte Folie einwickeln. Die Päckchen direkt in die Glut legen und 50–60 Minuten braten; einmal wenden.

Tomaten

Mit Öl bepinseln und in Folie einwickeln. Man kann sie auch aufspießen. 3–4 Minuten grillen, mehrmals wenden.

Champignons

Mit Öl bepinseln und aufspießen. 3–4 Minuten grillen.

Maiskolben

Mit Öl, in dem evtl. eine zerdrückte Knoblauchzehe verrührt ist, bepinseln. Ca. 15 Minuten grillen und häufig wenden.

Zwiebeln

5 Minuten vorkochen. Mit Öl bepinseln, mit Salz bestreuen, aufspießen. 10–15 Minuten grillen.

Erbsen, Bohnen, Mais

Mit wenig Butter in doppelte Folie einwickeln. Mit Salz bestreuen und 8–10 Minuten grillen.

Bananen

Mit der Schale direkt in die Glut oder auf den Rost legen. Auf jeder Seite ca. 5 Minuten grillen.

Äpfel

Kleine Äpfel aufspießen. Ca. 5 Minuten auf jeder Seite grillen.

Gemischtes Gemüsekebab

Ein blanchierter grüner Paprika, vorgekochte kleine Kartoffeln, vorgekochte kleine Zwiebeln, Champignons, halbierte kleine Tomaten, kleine Stückchen Stangenweißbrot, Zucchinischeiben und grüne Oliven. Alle Zutaten aufspießen, mit Öl bepinseln und mit Knoblauchsalz und Oregano bestreuen. Kebab ca. 10 Minuten grillen und häufig wenden.

Früchtekebab

Pfirsichscheiben, Ananaswürfel, Apfel- und Bananenscheiben, Cocktailkirschen und Aprikosenscheiben. Fruchtstückchen aufspießen und mit einer Mischung aus zerlassener Butter, Fruchtsaft und Honig beträufeln. Kebab ca. 5 Minuten grillen und häufig wenden.
Dazu kann man Crème fraîche oder saure Sahne servieren.

Camembert

Fast reife Camembertecken in doppelte, mit Öl bestrichene Folie einwickeln. Ca. 3 Minuten auf jeder Seite grillen. Dazu mit Honig gesüßte Konfitüre aus schwarzen Johannisbeeren servieren.

Türkische Grillpäckchen

1 dl Reis
1 TL Curry
8 Weißkohlblätter
1 kleine Zwiebel
1 Knoblauchzehe
Öl
1 EL Rosinen
1 dl gekochter Mais
4 Tomaten
2–3 gekochte Kartoffeln
50 g milder Käse
Salz
Pfeffer

Reis mit Curry kochen. Kohlblätter in kochendes Wasser geben und ca. 4 Minuten blanchieren. Zwiebel hacken und zusammen mit der zerdrückten Knoblauchzehe in Öl andünsten. Reis mit Rosinen, Mais, den in Scheiben geschnittenen Tomaten und den kleingeschnittenen Kartoffeln zugeben. Käse in kleine Würfel schneiden und gleichfalls zusetzen. Zutaten gut mischen und mit Salz und Pfeffer abschmecken. Füllung auf die Kohlblätter verteilen, diese zusammenfalten und in doppelte, mit Öl bestrichene Folie einwickeln. Päckchen auf den Rost legen und ca. 5 Minuten auf beiden Seiten grillen.

Grillsaucen

Tomatenmark mit Olivenöl anrühren und mit Zitronensaft, Thymian, zerdrückter Knoblauchzehe und Salz abschmecken.

Fettarme Mayonnaise mit Crème fraîche oder saurer Sahne und gehackten Zwiebeln verrühren.

Dickmilch mit Danablue Käse verrühren und mit Paprika und Salz abschmecken.

Crème fraîche oder saure Sahne mit gehacktem Kerbel, gehackter Petersilie und gehacktem Spinat sowie einer zerdrückten Knoblauchzehe verrühren und mit Salz abschmecken.

Dickmilch mit Meerrettich, gehackter Petersilie, Schnittlauchröllchen, geriebenem Apfel und Kapern verrühren.

Fettarme Mayonnaise mit gehackten Oliven, gehackten Kapern, gehackten eingemachten Gurken und gehackter Petersilie verrühren.

Brot

Sesambrötchen

2½ dl teilentrahmte Milch
75 g Butter
25 g Hefe
1 TL Salz
4 EL Sesamsamen
150 g Weizen-Vollkornmehl
ca. 300 g Weizenmehl

½ Ei

Milch zusammen mit der Butter anwärmen. Wenn die Butter zerlassen und die Milch handwarm ist, die Hefe darin auflösen. Salz, 3 Eßlöffel Sesamsamen und das Vollkornmehl dazugeben. Zu einem Teig verkneten und soviel Weizenmehl dazugeben, wie der Teig aufnehmen kann. Gut durchkneten und an einem warmen Ort etwa 1 Stunde gehen lassen.
Aus dem Teig 10–12 Brötchen formen und diese noch einmal ½ Stunde gehen lassen.
Die Brötchen kreuzweise einschneiden, mit Ei bepinseln und mit dem restlichen Sesamsamen bestreuen. Ca. 30 Minuten bei 225° C im vorgeheizten Ofen backen.

Walnußbrötchen

25 g Butter
2½ dl Magermilch
25 g Hefe
250 g Roggenmehl
ca. 150 g Weizenmehl
1 TL Salz
1 dl gehackte Walnüsse

Öl

Butter in der Milch zerlassen und wenn diese handwarm ist, Hefe darin auflösen. Mehl, Salz und Walnüsse zugeben und den Teig gut durchkneten. An einem warmen Ort ½ Stunde gehen lassen. Den Teig auf den Tisch geben und nochmals durchkneten. Ca. 10 runde Brötchen formen und diese noch einmal ½ Stunde gehen lassen. Die Brötchen kreuzweise einschneiden, mit Öl bepinseln und ca. 25 Minuten bei 225° C im vorgeheizten Ofen backen.

Cheddar-Käsebrot

25 g Hefe
3 dl handwarmes Wasser
1 TL Salz
125 g geriebener Cheddar Käse
2 EL Öl
2 EL Sojamehl
200 g feingemahlenes, gemischtes Roggen- und Weizenmehl
225–250 g Weizenmehl

Öl

Hefe in handwarmem Wasser auflösen. Salz, geriebenen Käse und Öl dazugeben. Mehl in kleinen Mengen nach und nach hineinkneten. Teig gut durchkneten und an einem warmen Ort 1 Stunde gehen lassen.
Den aufgegangenen Teig mehrmals auf den Tisch fallen lassen und wieder gut durchkneten. In eine gut gefettete Backform geben oder 12–14 Brötchen formen. Noch einmal ½ Stunde gehen lassen.
Brot oder Brötchen einschneiden und mit Öl bepinseln. Ofen auf 200° C vorheizen. Ein ganzes Brot ca. 45 Minuten, Brötchen ca. 25 Minuten backen.

Roggenhörnchen

2½ dl Dickmilch
25 g Hefe
½ TL Salz
1 EL Öl
¾ dl Weizenkleie
3 EL zerdrückte Weizenkörner
200 g Roggenmehl
ca. 100 g Weizenmehl

Dickmilch anwärmen, bis sie handwarm ist, und Hefe darin auflösen. Salz, Öl, Weizenkleie, zerdrückte Weizenkörner und Roggenmehl zugeben. Gründlich verkneten und nach und nach soviel Weizenmehl zugeben, wie der Teig aufnehmen kann. Teig gut durchkneten und an einem warmen Ort ½ Stunde gehen lassen.
Den Teig nach dem Aufgehen mehrmals auf den Tisch fallen lassen, nochmals gründlich durchkneten und aus dem Teig 10–12 Hörnchen formen. Hörnchen mit einer Gabel einige Male einstechen und weitere 15 Minuten gehen lassen.
Hörnchen mit Wasser bepinseln und ca. 20 Minuten bei 200° C im vorgeheizten Ofen backen.

Käsebrötchen

4 dl teilentrahmte Milch
50 g Hefe
1 dl Dickmilch
3 EL Öl
2 TL Salz
200 g geriebener Käse
½ dl zerdrückte Weizenkörner
4 EL Sojamehl
250 g Weizen-Vollkornmehl
ca. 300 g Weizenmehl

1 Ei

Milch anwärmen, bis sie handwarm ist, und Hefe darin auflösen. Die übrigen Zutaten zugeben, mit Ausnahme des Weizenmehls, das nach und nach eingeknetet wird. Teig gut durcharbeiten und an einem warmen Ort 1 Stunde gehen lassen.
Dann den Teig mehrmals auf den Tisch fallen lassen und wieder kräftig durchkneten. 20–25 kleine Brötchen formen.
Brötchen nochmals ½ Stunde gehen lassen und längs einschneiden. Mit dem verquirlten Ei bepinseln und ca. 30 Minuten bei 200° C im vorgeheizten Ofen backen.

Quark-Kleiebrot

50 g Hefe
4 dl lauwarmes Wasser
2 EL Öl
2 TL Salz
100 g Magerquark
50 g Weizenkleie
100 g Weizen-Vollkornmehl
250 g feingemahlenes, gemischtes Roggen- und Weizenmehl
ca. 250 g Weizenmehl

Öl

Hefe in handwarmem Wasser auflösen. Öl, Salz und Quark einrühren. Weizenkleie, Weizen-Vollkornmehl, Mischmehl und soviel Weizenmehl, wie der Teig aufnehmen kann, zugeben. Gut durchkneten und 1 Stunde gehen lassen.
Teig mehrmals auf den Tisch fallen lassen und wieder durchkneten. In eine gut gefettete Springform oder Kastenform geben und noch einmal ½ Stunde gehen lassen.
Einschneiden und mit Öl bepinseln. Das Brot ca. 45 Minuten bei 200° C im vorgeheizten Ofen backen.

Stichwortverzeichnis

Ananascreme 115
Ananas mit Gorgonzola 109
Ananas Sri Lanka 63
Äpfel, gegrillt 126
Apfelmousse 61
Apfelkuchen Französisch 103
Appetithäppchen 26
Aprikosensalat 105
Artischocken à la Barigoule 96
Artischockenböden, gefüllte 100
Artischockenböden Stawinsky 112
Artischockenfrikassee Griechisch 88
Artischockensalat 30
Artischocken, versteckte 94
Auberginen, gewürzte 72
Auberginen Provenzalisch 50
Auberginen Santorin 12
Auberginensouffle 66
Auberginen Südfranzösisch 30
Auberginen Türkisch 42
Avocadomousse 38
Avocadosalat 122
Avocados Indisch 62
Avocados mit Knoblaucheis 66
Avocadosuppe 80

Bananen, gegrillt 126
Bananenleckerei 67
Bananen mit Himbeerpüree 55
Birnen, Helgas versteckte 33
Birnen mit Schokoladensauce 59
Blätterteigpastete mit Broccoli – Spargelfüllung 36
Blumenkohlsalat 25, 87
Blumenkohl, versteckter 92
Bohnen Französisch 50
Bohnen, gegrillt 126
Bohnenkeimsalat 95
Bohnen Provenzalisch 79
Broccolisoufflé Französisch 28
Brot ff. 129
Bunter Salat 32

Camembert, gegrillt 127
Cannelloni Toskanisch 76
Cäsarsalat 42
Champignons, gegrillt 126
Champignontorte 106
Cheddar-Käsebrot 130
Chicoréesalat, pikanter 74
Chlodnik 118
Creme Vichy 98
Curryeier 48
Currysuppe 92

Eiercreme Josephine Baker 45
Eier Sizilianisch 110
Eier, versteckte 76
Eisbergsalat 84
Erbsen Französisch 33
Erbsen, gegrillt 126
Erbsensuppe mit Sahnemeerrettich 102
Erdbeeren Orientalisch 87
Erdbeersorbet 95

Fenchelsalat 58
Fenchel Provenzalisch 14
Fettucine Sizilianisch 108
Fruchtsalat mit Käse 121
Früchtekebab 126

Gazpacho 104
Gemüsekebab, gemischtes 126
Gemüsepastete mit Champignons 32
Gemüserand mit Selleriesalat 54
Gemüsesalat, gemischter 14
Gemüsetopf Indisch 44
Gemüsetopf Neapel 116
Gesundheitsstangenbrote 39
Gesundheitspastete 58
Goldener Fruchtrand mit Käsecreme 41
Grapefruits, gebackene 43
Griechischer Salat 56
Grillen ohne Fleisch 125

Grillpäckchen, Türkische 127
Grillsaucen 127
Grüne Sauce 43
Grüner Frühlingsspargel 88
Grüner Mairübensalat 93
Grünkohl mit glasierten Kartoffeln 59
Gurke mit grüner Mayonnaise 103
Gurkensalat Griechisch 12

Heidelbeerkuchen 93
Himbeertorte 91
Honiggrapefruit 77
Honigeis mit warmen Früchten 25
Honigmelone 108
Honigmöhren 33

Italienische Lasagne 40

Käsebrötchen 131
Käsechampignons 20
Käsekuchen Amerikanisch 123
Käsepastete 80
Käserand 47
Käsesoufflé 60
Käsetomaten 78
Käsetorte 113
Karamelpfirsiche 81
Kartoffelauflauf Spanisch 55
Kartoffelgratin 89
Kartoffeln Arleser Art 31
Kartoffeln, gegrillt 126
Kartoffeln Schweizer Art 13
Kartoffelsalat Französisch 35
Kartoffeltopf Feinschmeckerart 53
Kartoffeltopf Provenzalisch 15
Kastanien, geröstete 112
Kirschauflauf Limoges 15
Kiwitorte 31
Kiwis in Gelee 111
Kohlrouladen Russisch 70
Kräuterkartoffeln, gebackene 111
Kräutersauce 47

Maiskolben 70
Maiskolben, gegrillt 126
Mandarinengelee 49
Mandelapfelkuchen, Ruths 89
Mandelpflaumen 75
Mandelrand mit Früchten und Quarkcreme 71
Melone „1001 Nacht“ 69
Melonenringe mit Parfait 53
Mimosensuppe 68
Minestrone 114
Mini-Graham-Stangenbrote 123
Möhrencocktail 26
Möhrencremesuppe 28
Möhren-Kastaniensalat 22
Möhren Vichy 75
Moussaka 56
Münchner Kuchen 27

Nußbraten 118
Nußtorte 97

Obstsalat 39
Obstpfannkuchen 37
Olivenreis 45
Olivengefüllte Zwiebeln 105
Orangen, gefüllte 107

Palmenmarksalat 36
Paprika, gefüllte 34
Paprikaschiffchen mit Kartoffelbrei 40
Paprikaschoten Italienisch 20
Pastete mit gebackenem Blumenkohl 46
Pastinaken, panierte mit Champignonsauce 65
Petersilienwurzelsalat 29
Pfannkuchen mit Gemüsefüllung 102
Pfifferlingstopf 24
Pfirsiche, gebackene 57
Pfirsiche Venezianisch 73

Pfirsichkuchen mit Quarkcreme 117
Pflaumenkuchen Österreichisch 99
Pflaumen mit Zitronencreme 65
Pflaumentorte 83
Pizza mit Artischockenherzen 114
Porree Portugiesisch 24
Pudding, Türkisch 101

Quark-Kleiebrot 131

Reisgericht Java mit Apfelchutney 62
Reissalat mit Knoblauchmayonaise 16
Reisrand mit Ratatouille und Joghurtsauce 60
Reistafel 26
Reisschüssel Exotisch 68
Reisschüssel Sultans Art 84
Roggenhörnchen 131
Rohkostplatte mit Knoblauchsauce Griechisch 48
Rosmarinkartoffeln mit Schnittlauchquark 20
Rotkohlsalat, pikanter 121
Russische Charlotte 29

Sahnerand mit Erdbeeren 19
Salat Toskanisch 22
Schafskäse mit Thymianhonig 13
Sellerieknollen, gefüllte mit Zwiebelsauce 110
Sesambrötchen 130
Sojabraten 64
Sommersuppe Bulgarisch 46
Spaghetti mit Italienischer Sauce 117
Spanische Tortilla 104
Spargel mit Avocadosauce 34
Spargel mit Mousselinsauce 82
Spargel, überbacken 38
Spargeltoast, überbacken 116
Spargeltorte 16
Spinatgratin Amerikanisch 82
Spinatgratin Florentiner Art 72
Spinatlasagne 94
Stangensellerie, gedünsteter 81

Tarata 106
Tomaten auf Parmaer Art 44
Tomaten, gegrillt 126
Tomaten mit Schwarzwurzelpüree 73
Tomatensalat 91
Türkische Grillpäckchen 127

Walnußbrötchen 130
Walnußpastete 74
Walnußsoufflé 35
Weintraubentorte mit Mandeldecke 23
Windbeutel mit Erdbeercreme 79

Zitronentorte 21
Zucchiniauflauf Provenzalisch 90
Zucchini, gebackene 98
Zucchini, gefüllte 122
Zucchini mit Champignon-Nußfüllung 78
Zwiebeln Berkshire Art 64
Zwiebeln, gegrillt 126
Zwiebeln, glasierte 75
Zwiebeln Nizzaer Art 67
Zwiebelpastete 54
Zwiebelpfannkuchen 96
Zwiebelsuppe Französisch 90

Die Nährwertangaben wurden nach Souci, Fachmann, Kraut: Nährwerttabellen 1981/82, Wissenschaftliche Verlagsgesellschaft, Stuttgart und Deutsche Gesellschaft für Ernährung: Empfehlungen für die Nährstoffzufuhr, 1975 Umschau Verlag, Frankfurt/Main zusammengestellt